日経文庫
NIKKEI BUNKO

# サブスクリプション経営

根岸弘光・亀割一徳



日本経済新聞出版社

# はじめに

## ブームから1年、本当に定着したのか

2018年11月に開催されたズオラ（Zuora）社のサブスクライブド　トーキョー2018（Subscribed Tokyo 2018）をきっかけとして、日本においてサブスクリプション・ビジネス（継続課金ビジネス）が話題になり、1年以上が経過しました。ITサービスにとどまらず、電化製品やその消耗品提供サービス、飲食店における定額サービス、ネット販売における定額サービスなど、多岐にわたるサービスが展開されています。

このようなブームをきっかけに、製品・サービスを提供した際の単発の売上計上から、将来継続的に売上が見込める本ビジネスの検討を開始した企業も多数あったと思われ、筆者においてもさまざまな業種の方々からお声をかけていただきました。そのような1年間の活動を経ての感想としては、「まだまだサブスクリプション・ビジネスでの企業の売上維持・拡大は難しい」というものです。

「なぜ、そのような感想を持つに至ったのか?」「それを払拭するには、どのようなことを実施すればいいのか?」「成功に少しでも近づくために何を変えなければいけないのか?」——こうした疑問について、本書では答えていきます。

## 繰り返される「失敗」の原因

ここで、2018年度以降の、日本企業におけるサブスクリプション・ビジネスの定着度を考えてみましょう。2019年、「モノ売り」の会社がこぞって「サブスク始めます」もしくは「リカーリングビジネス始めます」などの事業方針を唱え、本格的な展開がマーケットでも期待されました。

しかし、実状としては、各企業で担当事業部や商品企画部門に「新サービスを考えろ」と指示が出ただけ、というケースが多く見られました。新サービスを企画しても、サブスクリプション・ビジネスにとって重要である顧客接点の分析は、表計算ソフトで作業するだけというお粗末な対応がみられ、それにより、次なる顧客体験を引き出せず、徐々に活動が縮小されていきました。結局、提供する「モノ」を「サービス」に変化させただけで、そのマネジメントの方法や情報分析に基づいた意思決定プロセス、各部門の役割を変革させていなかったのです。
このようなことは日本企業にとって、初めてのことではありません。以前、データサイエンティストの活用が唱えられ、「データドリブン経営」という言葉がはやりましたが、その際もデータを活用せよと命じた経営陣が、「このデータでは使えない」といった結論を性急に出してしまい、結果、データを活用した意思決定ではなく、旧来の勘と経験と度胸のマネジメントスタイルに戻ってしまった、ということがありました。心当たりのある企業も多いのではないでしょうか。

失敗の原因は、各領域でのデータ可視化のシステム構築のみに力を入れ、本来実施すべき、データ発生元部門の責任や権限、そしてデータ加工や意思決定に至るプロセスの見直し、そしてデータを活用した意思決定への意識改革などについて、その労力を怠ったことにありました。

通常、新規事業を起業する際と同様に、サブスクリプション・ビジネスの実現においても、ビジネスモデル、組織の役割や業務プロセス、それをマネジメントする経営管理指標、そして、業務を支えるシステムについて、変革すべき必須事項が数多くあります。

サービス企画、マーケティング、データ分析部門では、分析頻度を上げるとともに、部門間連携を密にして、顧客の声を即座に新サービスの企画につなげる必要があります。また、「モノ」の提供を含んでいる場合、流通部門やチャネルという顧客接点の一部を担っている部門は、今まで以上に顧客の声を吸い上げる必要が出てくるでしょう。さらには、経営管理部門も定常的にあがる売上を、次のサービス提供の投資に活用するという考え方で各部門の指標を設定し、管理する必要が出てきます。

システムにおいては、BtoCビジネスを実現するための申し込みウェブサイトや決済方法の充実、会計や受注出荷を扱う既存基幹システムとの連携、そして、迅速なデータ分析のための分析基盤は必須です。また、サブスクリプション・ビジネスのサービスは多くの場合、スマートフォンやタブレットなどのデバイスで提供されることを想定すると、顧客の声に応じたサービスを迅速に開発できるアプリケーション開発基盤も必要になり、さらには、その開発基盤上でアジャイル（Agile：迅速）にアプリケーションを開発できる人材や組織が欠かせません。

サブスクリプション・ビジネスを検討している企業の多くが、現在の単発売上ビジネスの将来性を危惧しています。その場合には、自社のみのビジネスを検討するだけでなく、他社のサービスを組み合わせて、顧客を拡大することを検討すべきでしょう。もちろん、その際に必要になるサービス、業務の連携、さらには、他社のシステムと容易に連携することができるシステム基盤も必要になってきます。

これらのことを考慮せずに、サブスクリプション・ビジネスを単に「良いサービス企画を一度実現すれば売上が向上するビジネスである」と考えていたら、また日本企業は失敗事例を増やすだけになってしまいかねません。本書で解説するポイントを押さえて実行していただくことで、少しでも読者のみなさんのビジネスが成功に近づけたとすれば、筆者としてこれ以上の喜びはありません。

2020年1月

根岸弘光・亀割一徳

# 目次



## 第1章 サブスクリプションが注目される理由

第2章

# 各業界への広がり

第3章

# 変革成功のためのポイント

# 第4章 サブスクリプション・ビジネスを支えるIT基盤

# 第5章 変革プロジェクトの推進手順

# 第6章

# 日本企業が成功するために

第1章

# サブスクリプションが注目される理由

# 1 広がるサブスクリプション

## 「モノ売り」から「コト売り」への変化が進む

製造「物」への著しい技術革新が難しくなり、商品がコモディティ化したことにより、各企業は過度な価格競争に突入しています。国内企業での競争だけでなく、顕著な効率化を実現する海外企業の台頭により、高付加価値や革新的な真似できない技術を持たない多くの日本企業は競争力を失っていきました。韓国、台湾、中国企業に製品を真似されて、さらには技術力も向上され、価格だけでなく、技術力でも負け始めています。

その価格競争から逃れるために、「モノ売り」から「コト売り」へのビジネスモデル変革が提唱され出したのは、２０１０年を超えたころでした。企業は、「モノ売り」の限界を感じ、「コト売り」を収益の手段としてサブスクリプション・ビジネスに期待を抱きました。

それから数年が経過しましたが、各企業はサブスクリプション・ビジネスを加速・拡大させ、より大きな収益を生むことができているでしょうか。従来からサブスクリプション・ビジネスを行ってきた電力・ガス・水道・通信などの生活インフラ基盤を提供している企業に加え、ＩＴサービスプロバイダーや、メディア・出版業の企業では、従来ビジネスからサブスクリプション・ビジネスへの移行がほぼ完了しています。また、海外の製造業においては、サブスクリプション・ビジネスモデルを構築し、売上拡大、または売上の縮小を最小化することに成功しています。

たとえば、高額な機器を製造している企業では、従来顧客ではなかった中小規模の顧客向けに「使用した分だけ支払う」モデルによって、初期購入時の参入障壁を低くし、ビジネス範囲を拡大し、売上を伸ばしています。

## 単なる「顧客分析」では不十分

一方、日本の製造業では、月額課金サービスを提供してみたものの、売上拡大しておらず、それどころか、トライアルで始めても顕著な成果がなく、社内合意すら得られない状態で、企画倒れに終わりそうな状態の企業が多いのが実状です。

これは、このビジネスを単なる月額課金ビジネスと考え、その本質を「サービスやコンテンツの品質を追求すること〝のみ〟が重要である」ととらえていることによるものです。まるで、「モノ売り」時代に、高品質・低価格が至上命題であるととらえていたように。

日本における生活家電やデジタル家電を例にして見てみましょう。従来、家電メーカーは、家電量販店を経由して製品を販売し、直接の顧客接点はありませんでした。そのため、マーケティング部門がSNSなどの顧客の声を、さまざまな手段で収集・分析し、次の商品企画に活用しています。つまり、「間接的」にしか顧客の動向を分析していなかったのです。当然のことながら、個々の顧客動向をとらえることは、ほとんどできていませんでした。

また、代理店を通して製品を販売するBtoB企業も同様です。一部の製造業においては、インターネット経由で提供している自社製品からの情報を収集し、その利用動向分析ができていますが、その情報をうまく使いこなしている企業はまだわずかだといえるでしょう。

サブスクリプション・ビジネスでは、顧客と直接契約することにより、サービス利

**図1　顧客接点の変革にともなうビジネス構造改革**

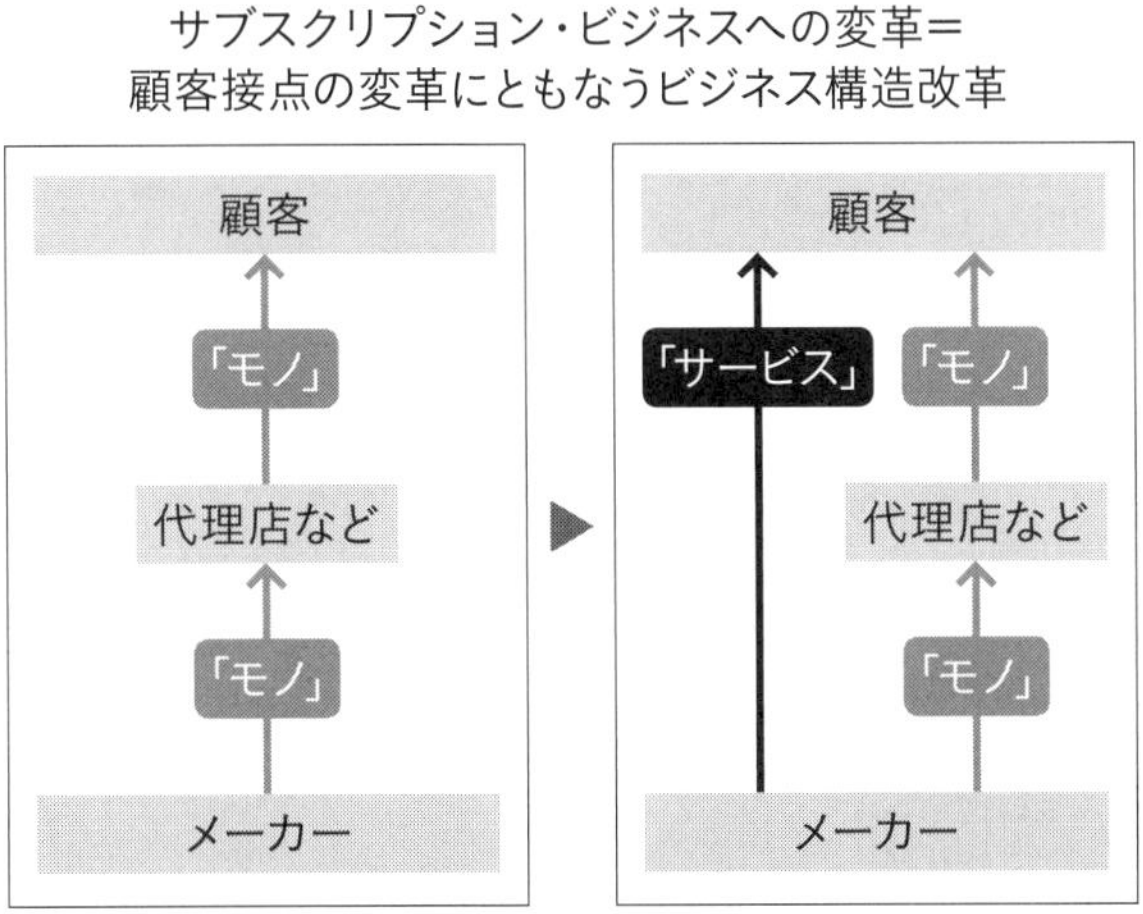


用頻度などの個々の顧客動向情報を「直接的に」入手することができるようになります。もっといえば、しなければならないのです。これを分析し、新たな顧客体験の提供や価格改定を高い頻度で実施し、継続的にサービスを購入してもらうことが、このビジネスでは重要であり、本質なのです。そのためには、データ分析を実行するＩＴ基盤だけでなく、素早い意思決定を実行し、改善行動に移す、社内・社外の組織が必要になります。

このようにサブスクリプション・

ビジネスの本質は、本ビジネスの導入を、顧客接点の変革にともなう、組織改革、業務プロセス改革、そしてデータ分析基盤を含むＩＴ改革だと理解することなのです。

## 消費者意識が変わり、消費行動も変化

昨今、サブスクリプション・ビジネスが注目されている背景としては、さまざまな要因があります。過去１００年以上、企業は「モノ」としての製品を設計・開発し、製造し、販売・出荷してきました。ビジネスの目的は、いかに自社のコスト以上の値付けをして売上・利益をあげるかということにありました。売上をあげるために高機能の製品を開発し、他社と差別化し、また、コストを下げるためにサプライチェーンの改革などを行ってきました。高品質の「モノ」を低コストで製造、販売すれば売上・利益があがるという考え方のもとでビジネスを行っていたのです。

しかし、10年ほど前から、顧客のニーズをとらえた「モノ」を販売しようと試みて成功している企業が出てきました。多くの企業が、市場や顧客ニーズの変動に連動したサプライチェーンを構築する取り組みや、顧客の声をなんとか収集しようとするＳＮＳや社内データの分析に没頭したのです。そして、「需要予測が当たらない」「顧

**図2 サブスクリプション・ビジネスの拡大の背景**

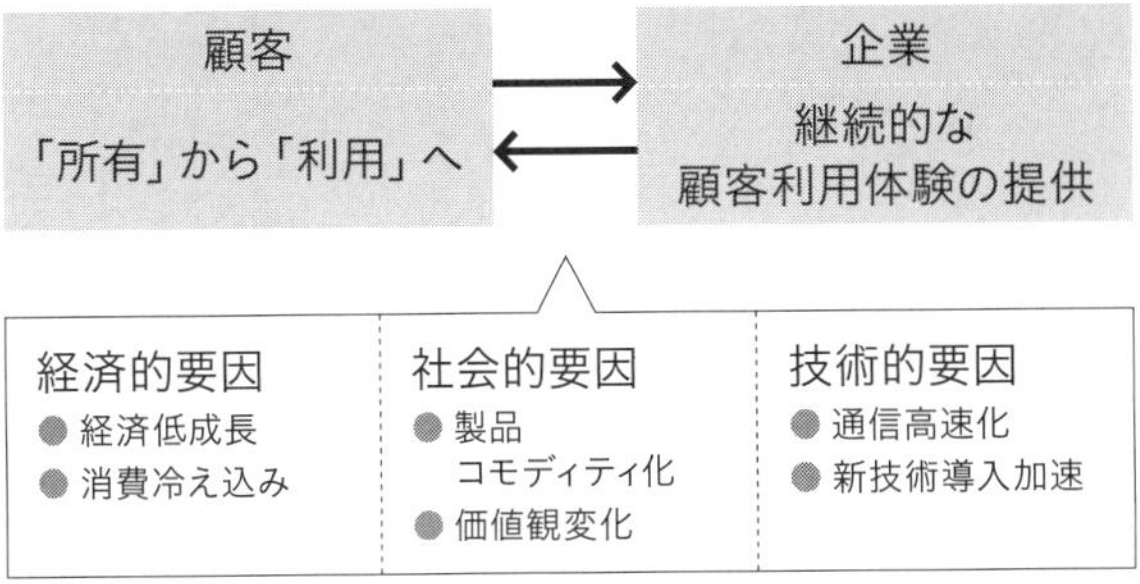


客の真の声がわからない」という課題にぶつかりながらも、結局、「モノ」自体に価値があり、「モノ」を売って利益をあげるというビジネスモデルを変革することはありませんでした。

最近は、この状況が明確に変化してきています。リーマンショックから続いた経済の低成長にともなう、上がりにくい給与や個人消費の冷え込みも影響し、「モノ」に価値を置き、その「モノ」を所有するという消費行動から、必要なときに必要な分だけ消費したいという合理的な、かつリスクを回避する消費行動に変化してきました。

たとえば、「高級なスポーツカーが欲しい」という欲求から、「旅行するときに、移動手段である車を使いたい」というように。年代の差とはいいたくありませんが、筆者の年齢層の傾向である所有願望を、昨今の若者や筆者の子供世代ではまったく持っていないように感じられます。これは必要最低限の「モノ」はその親の世代がすべて完備しているということと、インターネットの発展により、多くの情報を閲覧することが可能になり、利便性を追求する顧客の購買に関する力が強くなったことが影響していると思われます。

## テクノロジーの進化で、消費者行動がとらえやすく

また、テクノロジーの発展もこの状況の主たる要因となっています。スマートフォンやタブレットといった通信機器の浸透と常時高速通信の確立により、インターネット環境にあるさまざまな情報に容易にアクセス可能になったことと、それがクラウドサービスの形で提供され、利用することが可能になったことは大きな要因です。

それに加えて、情報家電やコネクテッド・カーなどのＩｏＴ機器へのアクセスが可能になり、情報の共有が可能になったこと。さらには、大容量データの格納と分析を可能にするアナリティクス基盤の高速化により、分析結果の活用が容易になってきていることも重要な変化点となっています。

現在、アマゾン、マイクロソフト、グーグルの各社は、ＩａａＳ（インフラストラクチュア・アズ・ア・サービス）基盤だけでなく、ＩｏＴを管理するためのＰａａＳ（プラットフォーム・アズ・ア・サービス）や、アプリケーション開発基盤を提供し始めており、より素早くサービスを開始できるように支援しています。

このように、顧客の消費行動が変化し、技術的に必要なときに必要なサービスを享受しやすく、提供しやすい環境が整ってきていることから、顧客との直接接点を持ち、消費行動を分析しつつ次の一手を考えるサブスクリプション・ビジネスが注目されているのは、必然といえるでしょう。

海外企業では顧客の消費行動を適切にとらえたサービスを提供することで、爆発的な利益をあげている企業が多数見受けられます。従来の単価×数量での売上から、解約されなければ継続的に売上を生み出すビジネスを適切に運用しているからです。

少し話がそれますが、欧米企業と日本企業のＩＴ投資額について、面白い統計資料を以前に見たことがあります。日本企業のＩＴ投資の70％以上が、基幹系システムなどのバックオフィスへの投資に費やされていました。一方、欧米企業のＩＴ投資はＡＩなどの先端テクノロジー分野や顧客接点のアプリケーションに70％以上が費やされていたのです。

これは、消費者意識をどれだけとらえようとしているのか、という企業側の顧客に対する姿勢の表れではないでしょうか。日本企業でも先見の明のある企業は、基幹系などのバックオフィスへシステムへの投資をかけずに、事業の付加価値を生み出す個所にシステム投資を集中するように舵を切り出しています。これは、システムのビジネスへの活用を考慮するうえで、日本企業が考え直すべきことを示唆しているように感じられます。

## 新規参入が相次ぐ

近年、サブスクリプション・ビジネスモデルはあらゆる産業でビジネスモデルとして採用され、バズワードとなった感もあるほどにメディアを賑わせています。矢野経済研究所の「サブスクリプション（定額）サービスの実態と展望2019」では日本人の生活に関わる8カテゴリ（ファッション系定期宅配、ファッションサービス、食品系定期宅配、飲食サービス、生活関連、住居、教育、娯楽〈デジタルコンテンツ〉）における顧客の支払額の推計から、2018年度の市場規模は5627億円、2019

年度は6485億円、2023年度の国内市場規模は8623億円となり、5年間で1・5倍に拡大する見通しを示しています。

当調査においては、今後もサブスクリプション・ビジネスモデルによるサービス市場は新規参入が相次ぎ、2018年度以降の市場規模は年率5～15％ずつ拡大していく見込みとしています。

しかしながら、2020年初旬の時点で、日本企業でサブスクリプション・ビジネスモデルを採用したサービスが大成功して市場において支配的な地位を得ているというようなケースはまだ現れていません。単発的に、「モノ」を所有することに価値を見いださない消費者や法人をターゲットとして、ファッションのサブスク、自動車のサブスク、住居のサブスク、デバイスのサブスクなどの新規サービスが次々と現れている状況ですが、ビジネスモデルとしての試行錯誤が続いており、市場としても今後成長するトレンドは見えつつも、まだまだ未成熟です。今後数年をかけて日本におけるサブスクリプション・ビジネスモデルを採用した各社の新規事業が市場で試される状況だと考えられるでしょう。

一方で、日本を含むグローバルで急激に浸透しているサブスクリプション・ビジネスモデルも存在します。それは、欧米のＩＴジャイアントが提供するサブスクリプション・ビジネスモデルです。社名の頭文字によって「ＧＡＦＡ」とも呼ばれる、グーグル、アップル、フェイスブック、アマゾンの4社に加えて、ネットフリックスやマイクロソフトなどがサブスクリプション・ビジネスモデルでの事業展開を前面に出し堅調に成長を続けています。

これらの企業は、ＩＴプラットフォーマーとも呼ばれ、顧客接点と顧客行動データを掌握し、億を超える巨大な顧客基盤と強力な収益力を有しています。そのためＩＴプラットフォーマーは市場支配力がきわめて強く、米国においては独占禁止法に問われるほど強力な本業（広告、ＥＣ、デバイスなど）で安定的に収益をあげています。

ＩＴプラットフォーマーはさらにクラウドや動画配信、ゲームといったサービスを次の成長戦略として新しく開始し、収益を上乗せする動きを先鋭化させてきています。これらＩＴプラットフォーマーのサービス事業の多くにおいて、継続課金型のサブスクリプション・ビジネスモデルが採用されています。

また、一方で注目すべき動向として、前述のＩＴ大手各社は自社のサービスでサブスクリプション・ビジネスモデルを活用するだけではなく、他企業における同モデルでの事業を支援することを目指し始めています。日本ではサブスクリプション・ビジネスモデルの新規事業そのものについての議論が中心であり、まだ同事業の支援を事業化することは、あまり積極的に考えられていない段階です。これはＩＴプラットフォーマーが他社のサブスクリプション・ビジネスモデルを支援することを通して、本業以外の収益源を確保しつつ、自社のプラットフォームをさらに拡大し続けるための循環を回すことを狙った成長戦略の一つと考えられます。

サブスクリプション・ビジネスモデルの源流については諸説ありますが、デジタル・トランスフォーメーションを背景として顧客接点や顧客ＩＤに紐づく顧客行動データ活用を強調する、現在日本で議論が活発に行われているサブスクリプション・ビジネスモデルの起源は、これら大手ＩＴ企業が採用しているビジネスモデルに大きく影響を受けていると考えられます。

こうしたＩＴジャイアントによるサブスクリプション・ビジネスモデルへの取り組みを見ていくことで、今後日本にどのようにサブスクリプションが浸透し、われわれの生活やビジネスにどのような影響を及ぼすのかを考えてみることができるのではないでしょうか。以降、各社の取り組みの一部を見てみましょう。

## 2 GAFAの戦略①——成長を目指すビジネスモデル

### アップル——デバイスの低下を補い、新たなサイクルへ

日本経済新聞によると、アップルが2019年10月に発表した決算では、2四半期連続の増収となっています。しかしながら、アップルの代名詞であり主力事業であるiPhoneの売上高は減少トレンドであり、代わって収益を牽引しているのは、音楽・ゲーム配信などのサービス事業です。サービス事業の売上全体に占める比率は2割に迫り、粗利益ベースでは全体の3割となっています。

そのサブスクリプションの契約数が膨大な数になっています。DIAMOND ONLINEによると、2019年10月の発表では、契約数が4億件を突破しており、2020年中に5億件を突破するとの見通しも示されています。iPhoneの世界における累計出荷台数は10億台を超えており、利用時にはApple IDが取得されます（日本のスマートフォンにおけるシェアは4割程度）。それら顧客基盤に対し

て継続課金型のサブスクリプションサービスを複数展開することで、iPhoneというモノ売りに依存しない次の収益をもたらすビジネスモデルの構築が着々と進められているのです。

アップルのサブスクリプション・ビジネスモデルとしては、コンテンツ関連が中心であり、2019年9月時点で下記のようなサービス例が存在します。アップルミュージック：個人プランは9・99ドル。News+：月額9・99ドル。アップル・アーケード（ゲーム）：月額4・99ドル。TV+（動画配信）：月額4・99ドル。iCloudストレージ（写真・動画・デバイス間利用）：月額9・99ドル。これらを通し、アップルは、デバイスの機能を超えて顧客体験価値を高め、デバイス売上低下をカバーしつつ、プラットフォームへの囲い込みと顧客の裾野の拡大を継続しています。

また、製品開発の観点で各デバイスにインストールするOSのバージョンアップも、サービス事業強化の戦略と整合がとれています。2000年代に隆盛をきわめたPC用の音楽・動画管理のiTunesについては次期macOSには搭載されないとのことで、iPhoneと同様にミュージックやTVなど3つの専用アプリが用意され、サブスクリプション型のサービスに対応することになります。

また、他方でアップルは、サービス事業への一方的な転換ではなく、デバイス売りの促進としてサブスクリプション・ビジネスモデルを利用しています。2019年9月より出荷されている第7世代の新iPadにおいては、スペックを抑えることで価格をリーズナブルなものとしており、Wi－Fi32GB版は3万4800円です。ここで、アーケードやTV＋が、家族6人までサブスクリプションをシェアできること が効力を発揮してきます。「1契約で6人までシェアできるのであれば、家族用や仲間用にiPadを買い足そうか、新しいiPadは安いし」ということになります。

つまり、ハードウェアの収益の落ち込みをサブスクリプション・ビジネスモデルによるサービス事業がカバーする一方で、同モデルによるサービス事業がきっかけになって、ハードウェアが新たに売れ始めるという循環を回すことを、アップルは戦略的に狙っているのではないかと考えられます。

## アマゾン――「本業」の売上増で好循環へ

他方、世界で最も市場に浸透しているサブスクリプションサービスの一つとしてアマゾンプライムをあげることができます。アマゾンプライムは、月額500円もしくは年額4900円を払って会員となることで、多様かつ圧倒的な特典が受けられます。たとえば、当日お急ぎ便、お届け日時指定便、電子書籍のキンドル・アンリミテッド、動画コンテンツ（映画やTV、ドラマなど）が見放題のプライム・ビデオ、100万曲の楽曲が聞き放題の「プライムミュージック」、タイムセールの商品を通常より30分早く注文が可能な「先行タイムセール」や、おむつやお尻拭きなどの家庭用品が15％割引となる「アマゾンファミリー」、さらには、食品や日用品など毎日使うモノを必要な分だけ購入できる「アマゾンパントリー」などです。

アマゾンプライムは、グローバルで消費者の生活に急速に浸透しています。米国の調査会社によると、米国でのプライム会員数は、2018年12月時点で1億人に達しており、2013年12月時点の2600万人と比較すると約4倍、直近の3年間でもほぼ2倍の伸び率です。1億人という数は、アマゾンの米国顧客全体の6割に相当しています。

アマゾンは日本におけるプライム会員の数を公表していませんが、2019年のニールセンデジタルの調査によると、日本におけるアマゾンの利用者数は5004万人おり、保守的に見て、アマゾン利用者の10％がプライム会員だったとした場合、日本には500万人のプライム会員が存在することになります（単純計算で、アマゾンプライムだけでも年会費4900円×500万人＝245億円の継続的な安定収入を生み出していることになります）。

消費者が一度アマゾンプライム会員になると、低価格のサブスクリプションサービスに特典が詰め込まれており、お急ぎ便やプライム・ビデオを利用する生活に慣れることで、退会する気が起きなくなるといわれています（今やアマゾンがTVアニメ「サザエさん」のスポンサーになっていることも、日本の生活に浸透しプライム会員のさらなる拡大を期待していると思われます）。

そうすると、アマゾンプライム会員は普段の生活の中で会員特典の多様なサービスを利用するため、同社のアプリやウェブサイトに移動して、本業の一つであるeコマース上でモノを買うということが、自然な顧客導線としてできあがります。ここでもアップルと同様に、アマゾンはサブスクリプション・ビジネスモデルを新たな収益の柱にする一方で、同モデルをきっかけにして、本業であるeコマース事業の売上をあげるという循環を実現しているのです。また、アマゾンはeコマース上での購買行動やアマゾンプライム上での利用履歴・顧客行動などは、すべてデータとしてデジタルに把握できることになり、そのデータを分析することで、さらに次のサービスにつながるという循環も生み出しているのです。

## 3 GAFAの戦略②——他社を支援する取り組み

### グーグル——新たな収益源を探る

グーグルの売上の7割が、グーグルの検索結果やユーチューブといった自社サービス上で表示する広告収入です。検索エンジンにより顧客接点を押さえ、検索エンジンを起点としてあらゆるデータを掌握し分析活用することで、収益性の高い広告事業を実現しています。

そうした中、各種公開情報によると、同社は2018年から2019年にかけて新サービスの「サブスクライブ・ウィズ・グーグル」(Subscribe with Google：日本語では「グーグルで購読」)を発表しました。同サービスはグーグルアカウントだけでメ

**図3　サブスクライブ・ウィズ・グーグルのコンセプト**

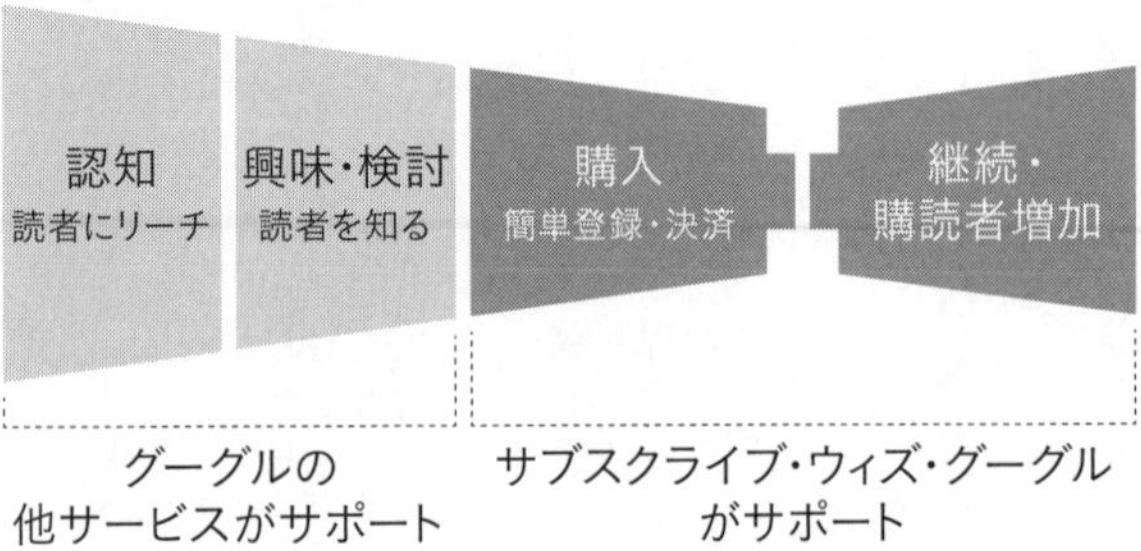


出所：公開情報をもとに筆者作成

ディアの購読が可能となるサービスです。これは、サブスクリプションの申し込みを増加させるための、マーケティング支援施策といえるでしょう。

なぜグーグルはこのようなサービスを新規に開始したのでしょうか。背景には、インターネット、スマートフォンの普及によって、これまでの紙媒体を中心としたメディア事業者は広告収入による売上の減少が加速し、生き残りの活路としてデジタルメディアによるサブスクリプション・ビジネスモデルに転換していることがあげられます。

米ニューヨーク・タイムズ紙は有料購読ユーザーが450万人を突破し、サブスクリプションによる収入が全体の3分の2を超え、英ガーディアン紙も有料購読ユーザーが65万人を突破し、ビジネスモデル転換の先駆者としてあげられるでしょう。

こうした背景を受けて、サブスクライブ・ウィズ・グーグルは、サブスクリプションの利用を簡単かつ便利にする手段として提供されています。通常、デジタルメディアを購読する場合、無料会員は記事の閲覧が制限され、有料会員に登録することによりコンテンツ全体にアクセスできるようになります。しかし、購読希望者にとって、有料会員登録は手間がかかり不安もあります。さまざまな個人情報（氏名、メールアドレス、ユーザー名、パスワード、決済方法など）をメディアごとに入力しなければならないからです。そのため、購読希望者のカスタマージャーニー上においては、会員登録作業が申し込み手続きにおける障害となり離脱の要因となるのです。

サブスクライブ・ウィズ・グーグルは、会員登録作業をグーグルアカウントの登録情報を使って効率化。さらに、SEO（検索エンジン最適化）により、購読者がグーグル検索を行った際に購読しているページを優先的に表示させます。こういったサービスは、デジタルメディアとサブスクリプション・ビジネスモデルを採用しているメディア企業にとっては契約数を拡大するための支援となるでしょう。

大きな顧客基盤を持たない事業者やデジタルマーケティングに強みを持たないメディア企業にとっては、このサービスを通してグーグルのプラットフォームを積極活用することが、デジタルメディア事業を成長させるトリガーになりうると考えられます。サブスクライブ・ウィズ・グーグルは、日本ではまだ本格的に展開されていないサービスであり、グーグルがこの事業を通して大きな収益を得ているわけではないと予想されますが、今後はこのサービスを通して申し込みに至った場合は、グーグルに対してメディア側が手数料を支払う形になっていくと思われます。

こうして、グーグルは本業の広告事業に軸足を置きつつも、他社を支援する形で拡大するメディア企業のサブスクリプション・ビジネスモデルのトレンドに乗り、新しい収益源を模索しているると考えられるのです。

## フェイスブック――広告ビジネスを補完

フェイスブックについて、田中道昭著『GAFA×BATH』では、「人と人がつながるためのプラットフォームを構築し、広告で収入を得るビジネスモデル」としています。また、「一般ユーザーにとっては日々接するSNSだが、企業にとってはマーケティングプラットフォームである。フェイスブックの売上は、広告が占める割合が90％以上とされており、実態としてほぼすべて広告収入によって成り立っている会社」としています。

フェイスブックのユーザーが20億人に達する一方で、今後の事業成長には課題を抱えていると考えられます。フェイスブックサイトの利用時間は２０１７年以降26％も減少しています。一方で、個人情報の取り扱いや誤情報の拡散を巡り、政府や利用者から厳しい追及を受けることにより、同社への信頼感が薄れ、他のＳＮＳサービス（ネット掲示板のレディットや動画投稿アプリのティックトックなど）との競争が激化しています。米国の調査会社によると、昨今では平均的ユーザーは約６種類のＳＮＳを使い分けているとされています。

こうした中、各種公開情報によると、フェイスブックは２０１８年６月にフェイスブック・グループのパイロットプログラムを発表しています。フェイスブック・グループの管理者が、グループに参加するユーザーに対してサブスクリプション・ビジネスモデルでの課金を行う機能の検証を始めています。

フェイスブック・グループの管理者は、グループの参加者を対象とした有料オプションを設定します。たとえば、フェイスブック・グループの会員は子育て、料理、家事、大学入試前の子供を持つ保護者向けといったそれぞれのサブスクリプショングループの中で、動画・チュートリアル・アドバイスといった有料コンテンツの視聴・購読に対して継続的に料金を支払います（料金は4・99〜29・99ドル）。

2020年1月時点で、フェイスブックはこのサブスクリプション機能によって手数料収入を得たり、フェイスブック・グループ内のコンテンツに広告を掲載したりはしていないようですが、今後事業が拡大していくにつれて検討されるのではないかと考えられます（グループのユーザーは10億人を超える）。

フェイスブックの場合は、自らサブスクリプション・ビジネスモデルにおけるサービス主体としてサービス提供するというよりは、グーグルと同様に本業の広告事業に軸足を置きつつも、先々補完していくための布石として、サブスクリプション・ビジネスモデルの支援サービスの提供を検討していると考えられます。

## 再びアマゾン——SaaSビジネスを支援

再びアマゾンを取り上げます。アマゾンも他社のサブスクリプション・ビジネスモデルを支援するという取り組みを始めています。アマゾンは日本で2017年9月に、法人・個人事業主向けのインターネット通販サービスのアマゾンビジネスを立ち上げました。個人向けのBtoCで圧倒的なプラットフォーマーとなったアマゾンは、法人向けのBtoBの世界でもその顧客基盤を拡大しようとしています。

サイト内のサブスクリプションソフトウェアストアに行くと、「Subscription」の文字が大きく躍っています。ここで扱っているのはSaaSです。サブスクリプションソフトウェアストアは、アマゾンの圧倒的な集客力を強みに、BtoB顧客およびソフトウェアメーカーに向けた利便性を訴求しているのです。

オンライン上で必要な機能を必要なだけ利用できるだけでなく、SaaS商品の比較検討・購入・管理までがワンストップでできるのが特長です。企業におけるSaaS利用のニーズが高まる一方で、事業部門が個別に購入して利用するため、情報システム部門などがその把握や管理に苦労するケースが増えています。アマゾンは同サービス内で購入や管理もまとめて行うことができるといった利便性を提供しているのです。

またアマゾンはSaaS商材を提供するソフトウェアメーカーやITスタートアップに対し、契約から与信・販売・決済・請求・入金管理、さらには海外展開といったマーケティングまでを支援しています。そのため、ソフトウェアメーカーにはモノづくりに集中してもらいながら、アマゾンが手間のかかるオペレーションを代行し、販売機会も同社が拡大するという価値を提供しているのです。

ここで起きていることは、消費者向けのBtoCビジネスと同様と思われます。法人企業にとっての運営上のさまざまな利便性を、アマゾンがサプライヤー（上記例ではソフトウェアメーカー）と法人顧客の両方に提供することで、アマゾンビジネスの顧客基盤は拡大していきます。そうすると、アマゾンビジネスにさまざまな企業が訪問する機会が増え、ソフトウェア以外も含めたあらゆるBtoB商材（部材、本、雑貨、食品、設備、家電など多種多様な法人向け商材）のカテゴリへのクロスセルが進んでいくのです。

ここでもソフトウェアメーカーのサブスクリプション事業であるSaaSビジネスを支援することで、サプライヤーやその顧客に価値を提供しつつ、法人向けEC事業が成長するという循環が回っています。また、アマゾンは日本企業の動向をデータとして詳細に把握できるようになり、新しいBtoB向けサービスを生み出していけるのです。

# 4 サブスクリプションの形態

## ビジネスの閉塞感から脱却

各企業においては、サブスクリプション・ビジネスモデルを、単発売り切りモデルではなく、顧客との継続的な関係を構築・活用し、自社のサービスの付加価値向上を図ることのできるビジネスモデルととらえています。また、このビジネスモデルを活用することで、従来顧客ではなかったセグメントの顧客を開拓できるとも考えています。

たとえば、フィリップス・ヘルスケア（Philips Healthcare）は、高額な画像診断機器の売り切りモデルでは、対象となる市場規模は限定的でしたが、資金力が限定される中小規模の病院に対して、初期投資の必要ないペイ・パー・ユーズ（Pay Per Use）でのサービス（使用した分だけ料金を支払うサービス）を提供することで、新規顧客を獲得しました。現在では、他社と連携する基盤も構築し、エコシステムを形成してサービスを提供しています。

また、継続的な課金をもとにして安定した収益モデルが確立できるのは、このビジネスの特徴です。先に述べた、アップル、アマゾン、グーグルや、マイクロソフトなどはサブスクリプション・ビジネスを活用して、劇的にキャッシュフローを改善しています。

## 課金のしかたは顧客へのメッセージ

サブスクリプション・ビジネスを成功に導くうえで、顧客の消費行動を適切にとらえたサービスを提供することが大事ですが、課金形態はそのサービスの中でも重要な要素です。課金の形態は顧客へのその企業の価値の直接的なメッセージだからです。

「安くて良いものを提供している」と思われるか、それとも、「少々高額であるが、十分に意味があるサービスを提供している」と思われるのか。また、「自分の生活スタイルに適している」と思われるのか、それとも、「私には十分に使いこなせないので、お金を支払うのはもったいない」と思われるのか。これらの顧客の印象は、サービスの品質だけでなく、提供価格が大きく左右します。

### 図4 主な3つの課金形態

| | |
|---|---|
| 定額制 | 契約期間中において、すべての機能・数量を無制限に利用可能にするモデル |
| 従量課金 | 利用した数量・時間・容量に応じて課金するモデル |
| 無料提供 | サービスへの加入を促進するために、限定的な期間・数量・機能を無料で利用可能にするモデル |

## ネットフリックスに見る課金形態

サブスクリプションとして提供される課金形態の主なものに「定額制」「従量課金」「無料提供」があります。読者のみなさんも電気、ガス、水道、通信分野などでこれらの組み合わせでさまざまなプランが提供されているのはご存じでしょう。サブスクリプション・ビジネスを検討している各企業は、どのような課金形態が適しているかを模索しているのが実状です。

以降、事例を見てみましょう。ネットフリックスは「自由と選択」という基本コンセプトを追求しやすい課金制度「完全定額制」（見放題）を採用しています。顧客をセグメント化し、あるタイプの顧客がどのような動画を視聴するか、どのような俳優を好むかといったデータを保持しているため、顧客にあった動画提供を可能にし、継続的な利用を実現しています。サブスクリプション・ビジネスでは、固定的な収入が見込まれるため、新作の動画配信に投資することが可能であり、ネットフリックスは多くの顧客を抱えていることを背景に、「完全定額制」が実現できているのです。

一方で、他の動画配信企業は、新作の動画に関しては1本何百円で視聴ができるという「従量課金」もあわせて提供しています。これは、企業側としては、その動画を配信するための版権料を回収するための資金に充てることが理由であると考えられます。それに加えて、提供しているサービスがお金を払う価値があるものだと体感し、必要なものだと認知してもらうという目的もあります。

「無料提供」は加入を促進するために、限定的な期間・数量・機能を無料で利用可能にするモデルです。まずは使ってもらい有用性・利便性を実感してもらうことを目的としています。ネットフリックスでも、1カ月無料体験を提供していますが、使いやすくて、ワクワクするものだと、顧客に理解してもらうために適用しているのです。

ここでは、代表的な課金形態をあげましたが、いずれの課金形態でも顧客の利用状況や嗜好をとらえて、料金体系、サービスを提供していくことが重要です。すでに多くの顧客情報を保持している会社はサブスクリプション・ビジネスへ参入する障壁は高くありませんが、代理店販売など顧客との接点を直接持っていない企業は、まずは多くの顧客とつながりを持つ必要があるでしょう。サービスを利用してもらわないと顧客とのつながりは始まらないので、「無料提供」はファーストステップになりえますし、少額で始めたいという顧客向けに「従量課金」からサービスを提供し、利用状況を踏まえて、「定額制」も導入するという流れが考えられるでしょう。

このように顧客や企業の状況にあわせて、料金体系を検討できるのもサブスクリプション・ビジネスの魅力の一つになっています。ただし、このビジネスモデルを立案するのは容易なことではありません。

# 第2章

# 各業界への広がり

# 1 脱「モノ売り」の動きが広がる

## メーカーが抱く危機感

次に、各業界での事例をご紹介しましょう。特に、ＩＴ業界や電気・ガス・水道といった旧来からの課金ビジネスを行ってきた業界ではなく、製造・販売といった旧来のビジネスモデルから、サブスクリプション型のビジネスモデルへ転換した事例を取り上げていきます。

製造業のサブスクリプション・ビジネスモデルへの変革の志向は、この1年でさらに加速しています。それは、デジタル・トランスフォーメーションを背景として、産業構造と競争のルールが変化してきているためです。この変化を敏感に感じ取った大手製造業が、強い危機感を抱いているのです。この製造業の強い危機感については、藤井保文・尾原和啓著『アフターデジタル』が産業構造変化の観点から非常に明解な説明を行っています。ポイントを示すと、次のようになります。

これまでの産業構造は製造業主導のものづくりがトップであり、それを流通・小売を通してどう売りさばくかという構造であったが、大きな構造変化を迎えている。いままでは特に何のデータも残らないのでとにかく売り切ればよく、「よく売れるものがあるかどうか」が最も重要だった。

しかしながら、市場が成熟してくると、商品供給が当たり前になり、ものづくりが一般化し、価値の出しどころがどんどんとコト型に変わっていく。サービス提供を中心としたコト型の事業展開では、デジタル活用によって、顧客行動データ取得・分析とサービス改善のループを回すことで、継続的に顧客体験を改善し続けることが競争原理となってきている。

そうすると、産業構造が変化していく。顧客との接点を持ち、そこから得られた行動データで顧客を最もよく理解し、いつでも顧客とつながることが可能になった事業に価値が移行していく。

当然のことながら、顧客は利便性の高いサービスを好み、信頼できて好きな企業のサービスにのみ時間を消費する。結果、データのやり取りが新たなインフラとなり、決済を始めとした顧客行動データをより多く持ち、それを顧客ＩＤとつなげられているプラットフォーマーがトップに君臨する図式が生まれる。GAFAや、日本においては、楽天・ヤフーもそのような動きを見せているが、新しい産業構造において最上位に来るのは、顧客接点と決済を握ったプラットフォーマーになる。

その下に来るのが、業界ごとに体験型で価値提供をしているサービサーで、その下にメーカーが位置づけられることになり、メーカーはプラットフォーマーやサービサーの下請けとなる。

このような下請け構造の例としては、たとえば、シェアリングバイクサービスを提供するサービサーに対して、自転車を供給するといった位置づけになります。これはまさに、企業の成長や収益性をプラットフォーマーやサービサーに依存することであり、製造業の下請け化シナリオであるといえるのではないでしょうか。

こういった悲観的なシナリオに対する製造業の戦略は大きく二つに分かれます。一つは下請け化を甘んじて受け入れて、特定の技術領域・製造リソースといった専門性に特化することです。製造業として技術を究めて、他が追従できない付加価値を目指

**図5**
**デジタル時代の新しい産業構造とヒエラルキーのイメージ**

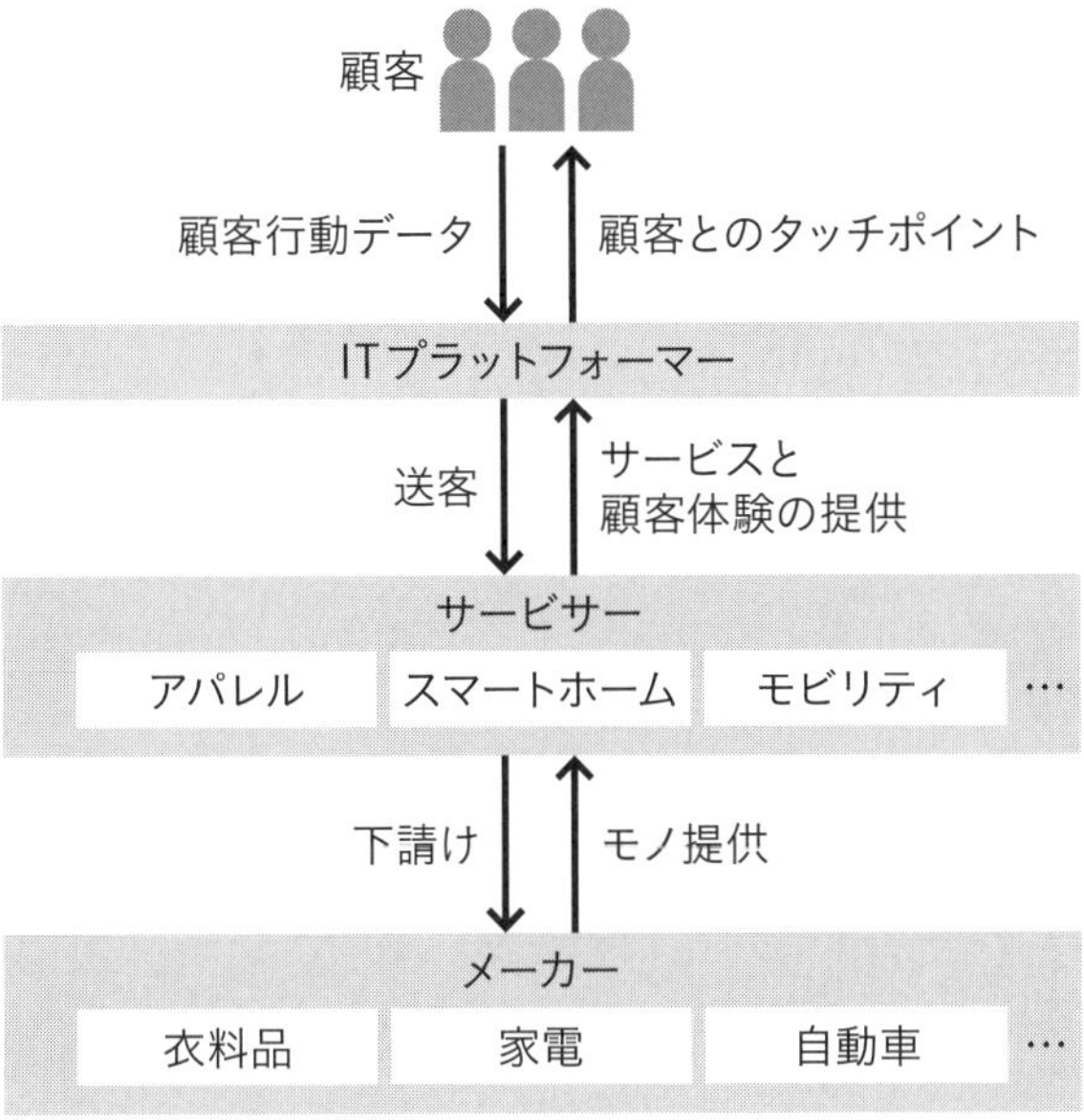


出所：『アフターデジタル』から筆者作成

すというものです。もう一つは、モノ売りからコト売りへ戦略を転換し、自らがサービサーとなり、さらには顧客接点を持つことでプラットフォーマーを志向するケースです。

この二つ目のケースで誤解してはいけないのは、単に製品の値付けを割賦販売にして、初期に買いやすくするといった類のものではないということです。顧客と接点を持ち、顧客に「モノ」を含んだ新しい体験をしてもらう――それを実現することを目指した企業となるということなのです。

また、これはモノづくりの価値を否定するものではありません。プロジェクトが失敗する例でよくありますが、そもそも「モノ」としてのプロダクトに製品としての提供価値がなければ、ビジネスモデルだけサブスクリプションにしてもまったく意味がないということです。製造業としてモノを作り出すケイパビリティがある、もしくはそういったメーカーと協業できるケイパビリティがあってこそのサブスクリプション・ビジネスモデルなのです。

製造業がサブスクリプション・ビジネスモデルを検討するということは、これまでのモノづくり的価値観に加えて、自企業の生存をかけて顧客視点での企業変革を目指すという文脈があるのです。

## 創業70年、楽器メーカーの変身

まずは、海外の製造業の転換事例です。米アリゾナ州に本社を置くフェンダー（Fender）は創業70年のギターメーカーで、主力商品はエレキギター、ベース、ギターアンプといった楽器類です。同社の課題は「モノ売り」の楽器市場が低迷する中での成長戦略でした。そこで同社が着目したのが、次のような顧客分析の結果です。購入者を調べたところ、継続してギターを利用する期間が長い顧客は、生涯にわたってギターを大事にしてくれる層であり、継続的に数台のギターを購入していたのです。

同社はこの継続利用層を維持・拡大するための施策として、複数のデジタルサービスを自社で直接提供することに取り組みました。それがチューニングをサポートする無料モバイルアプリ「Fender Tune」であり、オンラインでギターレッスンを受けられる定額のEラーニングサービス「Fender Play」でした。

これらの施策は顧客がギターの習熟をあきらめてしまわないよう強力にサポートしつつ、収益も生み、さらには継続的に膨大な顧客データを入手できることから、次の

## 図6　製造業のビジネスモデル変革

サブスクリプションモデルへの転換例

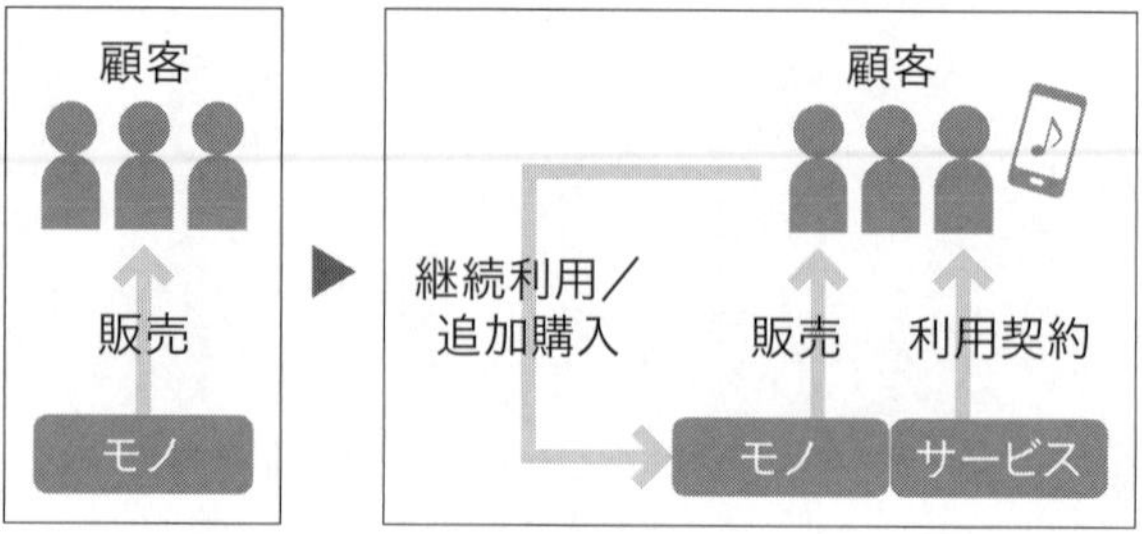


サービスを検討する基盤にもなっています。

この取り組みは、伝統的な日本の製造業が今後の成長戦略を考えるうえで参考になります。特に注目すべきは、顧客起点で事業をどのように変えていくのか、という点です。日本の製造業は機能や品質が相対的に優れた製品を作り出すことを非常に得意としています。だからこそ、優れた製品にサブスクリプション型のデジタルサービスを付加することで、顧客接点・顧客体験を変革し、事業の成長に結びつける大きな可能性を持っているのです。

たとえば、ギター以外の楽器類、高級カメラ、高級オーディオを製造するメーカーには、サブスクリプションモデルによる新規事業開発のチャンスが多く存在しているのではないでしょうか。ただし、「サブスクリプション型のビジネスモデルにすれば儲かる」といった短絡的な発想では成功できません。顧客と誠実に向き合い、課題やニーズを深く理解したうえで、自社製品・サービスの提供価値を熟慮するといった実直な事業開発・マーケティング活動が土台になければならないのです。

## 苦しむ自動車メーカーの脱モノ売り

自動車業界も、モノ売りだけでは厳しい時代になってきています。背景の一つには、前述の「所有から利用へ」という価値観の変化があげられます。所有することへの憧れが薄い若年層を中心に、車の購入・維持は面倒、およびコスト高だと感じ、車を単に移動手段の一つとして必要に応じて利用したいという人が多くなったのです。

もう一つには、自動運転などの技術革新にともなう車のコモディティ（汎用品）化があります。これまで車本体の性能と価格で競争してきた自動車メーカーは、「移動」を軸にさまざまなサービスを提供するＭａａＳ（モビリティ・アズ・ア・サービス）による付加価値の差別化を求められてきています。

このような背景の中、モノ売りからの脱却を目指し、ポルシェ、ボルボ、トヨタな

**図7　自動車業界の転換例**

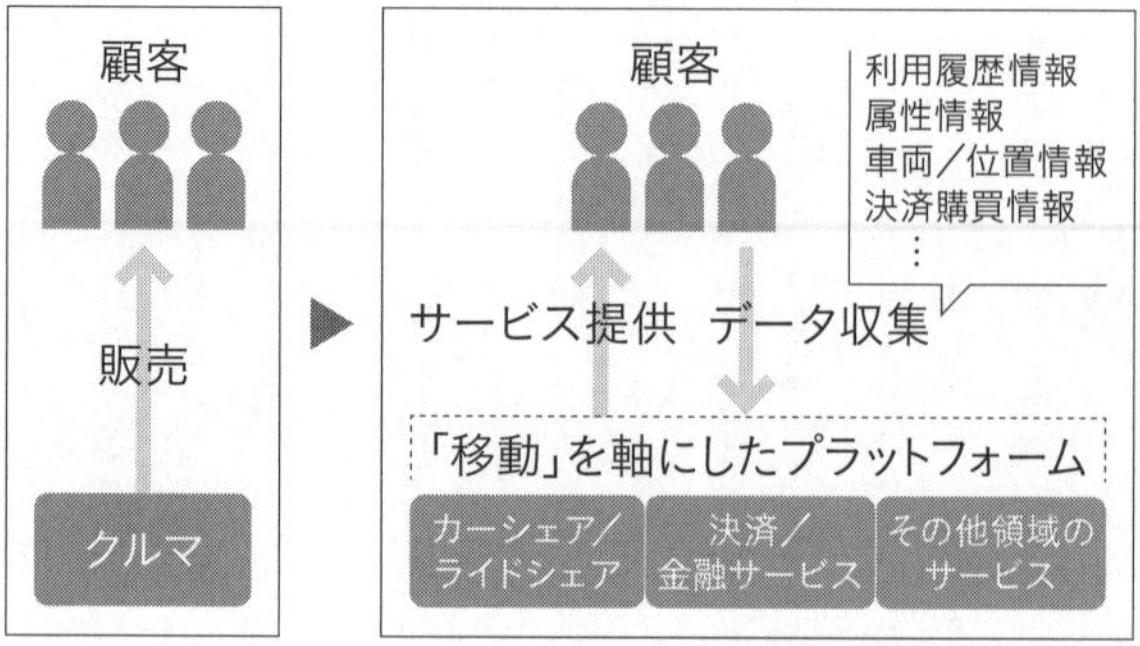


どの自動車メーカーは相次いで自社ブランド車に関するサブスクリプション提供を始めました。料金には税金、保険料・整備費用がすべて含まれ、顧客は車の取得や維持の手間から解放されます。生活シーンや好みにあわせて車の乗り換えも可能です。自動車メーカーにとっては顧客との接点が増え、これまで直接収集できなかった顧客の利用履歴・属性データが活用可能になりました。

将来的には、詳細な走行記録やドライバーの運転の特徴をとらえることができるコネクテッドカーが出荷されれば、もっと顧客のことを知ることができるようになるでしょう。

しかし、現時点ではまだ、これらのサービスは従来のレンタカーと比べて差別化できているとはいえません。サブスクリプションの本質は単なる月額課金ではなく、データ活用によるサービスの追求です。つまり、今後各社は先ほど述べたようなデータを取り込み、「移動」を軸にプラットフォーム（基盤）を構築して顧客体験を高めることが重要になります。今後そのような分析を効果的に実施し、サービスの改善をできるかどうかが、将来的なサービスの継続に影響するはずです。

最近、国内では自動車のサブスクリプション・ビジネスは失敗したのではないかというニュースが流れていますが、まだビジネスは始まったばかりであり、今後の、価格も含め顧客体験を高めるようなサービス改善が期待されます。

他業界と連携して顧客の利便性を高めることの検討も必要です。海外の事例として、シンガポールのグラブは東南アジアの人々のクレジットカード保有率が低いことを踏まえ、自家用車・バイクのライドシェアに加えてキャッシュレス決済にも取り組みました。その結果、顧客はライドシェアと目的地の店舗での決済を円滑に行えるようになったのです。さらに、グラブは車両走行データ・位置情報に決済購買データを掛け合わせて、保険や個人向けローンの提供に活用しました。

そのほかにも、自動車業界と他領域の協業の可能性としては、顧客の診療情報と配車情報の連携が考えられます。診療時間にあわせた配車、顧客の健康状態にあった医薬品の定期配送などが考えられます。このように自動車業界単独だけでなく、他業界との連携が今後のビジネス拡大のキーになるでしょう。

「移動」と顧客の生活体験の向上に即したサブスクリプション・ビジネスが自動車業界の新たな収益源になると予想されます。

## 2 消耗品／コモディティ化した製品でも成功できる

### 付随する消耗品を提供し、顧客を維持

ここでは、製品本体ではなく、製品に付随する消耗品のサブスクリプション・ビジネスを紹介します。事務機器（プリンタ）業界の各企業は、従来、製品本体よりもインクやトナーなどの消耗品で売上・利益を稼ぐ業界でした。本業界においては、インクやトナーの海賊品が売り上げ減の要因になっていたのです。

ヒューレット・パッカード（HP）は、インクのサブスクリプション・ビジネスを立ち上げて収益を上げています。一般消費者向け、SOHO事業者向け、中小企業向けなどの各セグメントに対して、各々印刷枚数に応じた月額定額プランを提示しています。これらは印刷枚数の上限に対して、料金を支払う形態です。「無料プラン」「2・99ドルプラン」、「4・99ドルプラン」などです。もちろん、上限を超過した場合には、別途従量課金になります。

多くの顧客は「無料プラン」ですが、顧客を確実に獲得し、買い替え時にもよりお得なプランを提示できる素地を作っています。印刷状況をインターネットを通じて取得し、その利用状況に応じて、料金計算をするしくみです。インクの使用状況が取得できるので、インクがなくなりそうになれば配送し、顧客に不自由がないようにしています。もちろん、このしくみを実現するためには、プリンタ側にもIoT機器としての情報管理、収集、配信機能が必要となってきます。このインクのサービスに加えて、中小企業向けには機器・消耗品・アフターサービスなども組み合わせて提示することも行っているのです。

また、このプランに加入してもらうためには、プリンタを販売している販売店にも協力してもらう必要があるのですが、このインクのサブスクリプションプランに顧客が加入すると、販売した販売店にもインセンティブが入るしくみを構築して販売を促しています。

このように、ヒューレット・パッカードは、サブスクリプション・ビジネスの展開により、収益源であったインクやトナーの海賊品への流出を防いでいるのです。

ヒューレット・パッカードは、BtoB向けにも簡易MPS（Managed Printing Service）を展開しています。プリント機器に加えて、純正トナーやインクの自動配送機能、翌営業日のオンサイトサポートを付与したプランです。こちらは、機器ごとに、印刷枚数1000枚から1万枚に応じた月額定額プランを提示しています。インクジェットプリンタだけでなく、レーザープリンタも対象となっており、インクやトナーの消耗品は、リモートモニタリングにより自動配送され、2日以内に到着。さらには、月間プランの枚数限度を下回った場合には、あまった分が繰り越しされるしくみとなっており、プリント量の季節変動にも対応できるようにしています。これにより、顧客の利便性を損わないようにしているのです。

## 歴史ある「かみそり」業界でも活用が進む

レイザー（かみそり）の業界でもサブスクリプション・ビジネスが展開されています。２０１１年にカルフォルニアで創業し、アメリカ、オーストラリア、カナダ、そしてイギリスに展開しているダラー・シェーブ・クラブ（Dollar Shave Club）は、「仕事を始めた若い人」をターゲットにし、日常使いにはちょうど良い品質、そして他社より手軽な価格で、品質と提供数に応じた3種類のプランを提供しています。同社は、大手企業が使わないチャネルであるユーチューブによる今までなかった広告宣伝を行い、独自のメッセージングにより、「バズ」り、大きな反響を呼びました。

これまでかみそりのビジネスは、ドラッグストアなどの実店舗での小売りが中心でしたが、ネット販売にすることで顧客の情報や嗜好をつかむことを可能にし、サービス改善の基盤を構築しました。このような施策により、２０１８年には３９００万人の会員を獲得しています。また、ビジネスモデルの有効性を評価され、２０１６年には10億ドルという超高額でユニリーバに買収されました。

同じレイザー業界の事例をご紹介しましょう。２０１３年にニューヨークで創業し、ドイツに工場を持ち、アメリカ、カナダ、そしてイギリスに展開しているハリーズ

（Harry's）は、デザインや品質にこだわりを持つ若者をターゲットにしています。有名アーティストのデザインを採用したり、自社工場での生産での品質をアピールしたり、ちょっとお洒落に気を遣う若者にアピールしているのです。また、配送頻度を工夫できたり、フェイスケア用品やボディケア用品などをそろえたり、製品ラインアップが充実している、といった特徴があります。

このように、ダラー・シェーブ・クラブとハリーズは、男性用のレイザーを提供しているということは同じですが、おのおの異なったターゲット顧客を明確に定め、売り上げを伸ばしているのです。

**化粧品サンプルを有料で提供**

化粧品業界では、サブスクリプション・ビジネスを起点として、収益をあげている企業があります。２０１１年にカルフォルニアで創業したバーチボックス（Birch Box）は、月額15ドルで女性用ビューティー関連製品のサンプル詰め合わせを提供しています。ちなみに、年会員の場合には、１５６ドル（月額換算13ドル）と、少々お得になっています。

バーチボックスのビジネスは、アメリカ、イギリス、フランス、スペイン、ベルギー、そしてアイルランドの６カ国に展開されています。申し込み時に髪の毛や肌の対応、美容に関する悩みなどを入力すると、その情報に基づいて、毎月４つから５つの化粧品サンプルが送られてくるしくみです。本ビジネスの特徴の一つは、無料ではなく、有料のサンプルだということです。有料にすることによって、無駄にしたくない気持ちから、利用される可能性が上がり、購入につながるしくみとなっています。

バーチボックスの収益源は、サブスクリプションの売上だけではありません。顧客が気に入った製品があった場合には、ＥＣサイトにて通常製品の購入ができます。この際のマージンを得ることで、もう一つの収益源としているわけです。また、購入するとポイントが貯まるなど、より購入を促進するしくみを構築しています。

しかし、バーチボックスのビジネスが順調かというとそうではありません。２０１４年ごろから会員数が大幅に増えることはなく、ほぼ横ばいのまま。大幅な従業員の解雇などを実施してなんとか会員数を維持している状況です。

この原因は複数あると思われますが、あまりにも多くのブランドを扱ったことで、オペレーションが複雑になり、高コストになったことや、一定以上の会員数の拡大を目指して、顧客獲得コストがかさんだこと、また、もともとのコアな会員に共感を得られるような新しいプランを提供できなくなったことなどがあげられます。売り上げを拡大しようとして、男性用のプランを提示したり、サンプル品ではなく通常サイズの製品のボックスを提供したりと迷走したことにより、独自ビジネスモデルであった「サンプルを試して、その後、通常製品を購入する」といったコンセプトから外れていった結果かもしれません。

一方、バーチボックスの凋落を横目に、イプシー（Ipsy）は売り上げを拡大し続けています。2018年時点で、バーチボックスの会員数が100万人に対して、イプシーは350万人となっています。イプシーのサブスクリプションサービスであるザ・グラム・バッグス（The Glam Bags）では、毎月異なるデザインの化粧ポーチと化粧道具、化粧品が同梱されます。このうち少なくとも一つはサンプルサイズではなく、通常サイズの製品です。また、個人の好みをとらえ、パーソナライズされた製品を届けています。

一番の特徴は、インターネット上のインフルエンサーと協力し、ユーチューブを活用することにより、化粧品の使い方などを紹介していることでしょう。インフルエン

## 図8 バーチボックスのビジネスモデル

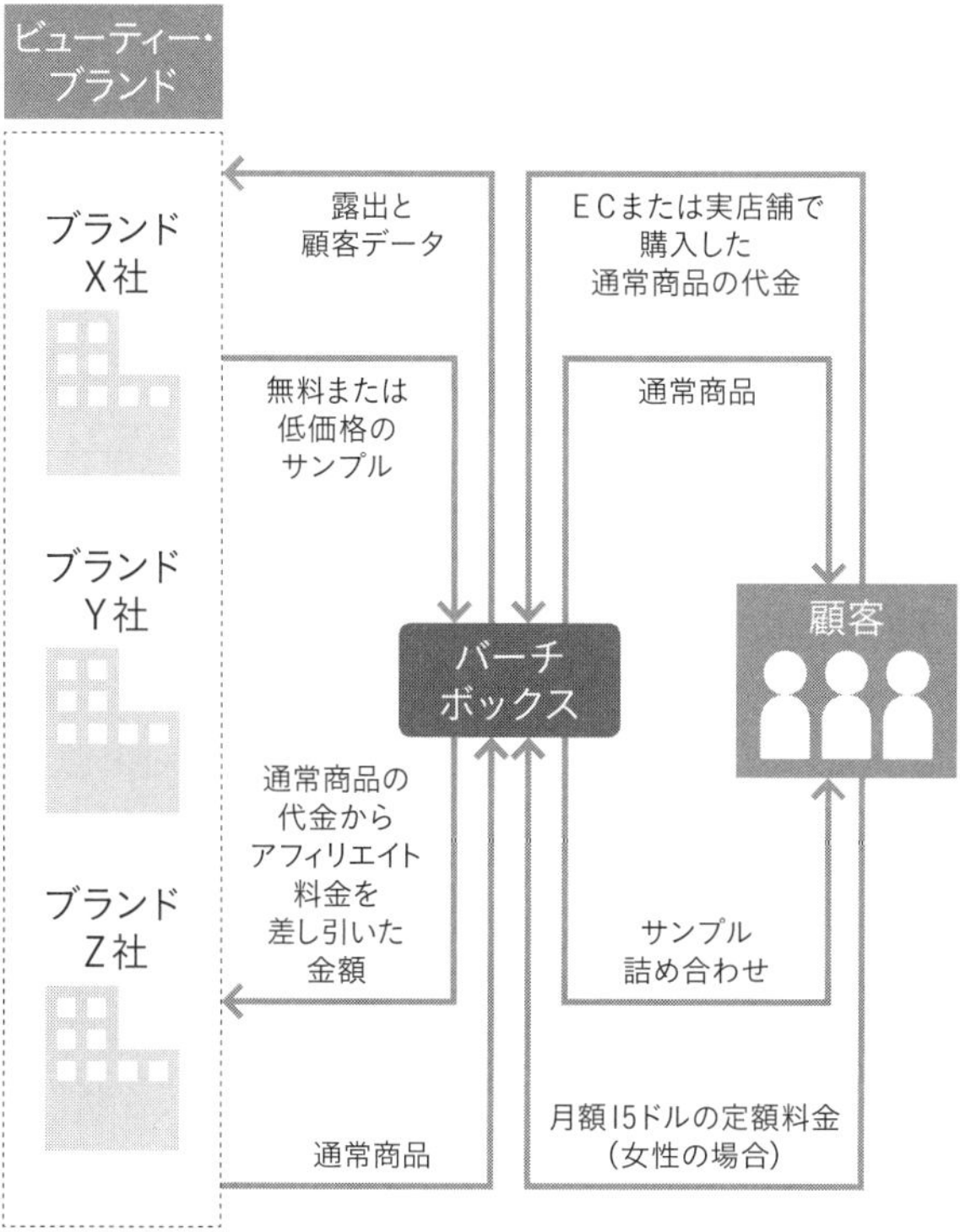

サーもイプシーの製品紹介をすることにより、自身のユーザーを増やすことができ、広告収入も手に入れることができます。イプシーとインフルエンサーの間でウィンーウィンの関係を構築できているのです。

イプシーの創始者であるCEO、かつカリスマビューティーユーチューバーでもあるミシェル・ファン氏は次のように語っています。「今日、流行する化粧製品は、ビューティーブランドのみが決めるのではなく、ビューティー関係のブロガーや他のインターネットで記事を紹介する人により、左右されているといえる。われわれは、顧客をビューティーブランドに引き付ける新しい最先端の方法を実現しているのである」。

このイプシーの戦略は、「モノ」のパーソナライズと提供する情報を融合させた良い事例であるといえます。

## 3 データ活用で差をつける外食産業

### 富裕層にターゲットを絞ったレストラン

外食産業ではさまざまなビジネスモデルで収益をあげている企業があります。「週刊ダイヤモンド」2019年2月2日号によると、六本木の高級フレンチのプロヴィジョン（Provision）は月額3万円の会員制で、高級フレンチ食べ放題となっています。予約制により、廃棄食材を最小化することはもちろんのこと、富裕層にターゲットを絞り、彼らの行動様式を分析し、サービスを最適化しているのです。

たとえば、データを活用した販売促進活動を行わないことも、その一つであるといえます。休眠会員はそのままでいいという考え方です。3万円という値付けも富裕層にとっては絶妙に機能しているように見えます。この休眠会員に対するアプローチや3万円という値付けは、それにより解約率が下がらないのであれば、それは適切な販売促進活動になるのです。

また、本ビジネスでは、通常コースに加えた追加注文によるクロスセルも大きな収益源になっています。富裕層がターゲットなので、高級ワインなども多数注文されることが、このビジネスを成り立たせています。プロヴィジョンはターゲット顧客層を明確に分析し、会員数を一定に保ちつつ、追加注文により売り上げ拡大を実現しているのです。

## データの活用で無駄を排除する

ファビー（favy）が運営する29ON（ニクオン）は、「完全会員・予約制」により、無駄の排除を徹底しています。昨今では、予約のドタキャン、もしくは無断キャンセルにより、飲食店が不利益を被ることが社会問題となっていますが、29ONでは、会員制にしてペナルティ制度も設けることにより、無断キャンセルは圧倒的に少なくなっています。これにより来店客数を正確に把握できるようになっているのです。加えて、コースを1本化し、余分な仕入れをカットすることにより、食材の廃棄率をほぼゼロ%に抑えています。また、肉をお湯に浸すだけで仕込みが終わる「低温調理」も、スタッフ数を削減するというコスト削減に一役買っているのです。

さらに、徹底した顧客データ分析により、サービスの継続性を維持しています。会員数が増えすぎると予約が取れなくなり、会員の不満が蓄積し、退会してしまうといったことにつながりかねません。29ONでは来店回数と継続率を分析し、来店回数が少ない会員に対して、特別キャンペーンなどを実施し、解約を防ぎ継続率を高める活動を行っています。一方で、客席の高い回転率を実現しつつも、常に満席にならないように予約をコントロールし、さらに新規の会員募集数を調整することで、顧客の満足率の低下を防いでいます。29ONは、徹底したコスト削減の工夫とデータ分析による適正会員の維持により、利益をあげているのです。

これらの工夫が、年会費1万4000円で、通常であれば1万円はする豪華コースを5000円のお値打ち価格で食べられるという顧客サービスを実現しているのです。これらによって不定期に行われる会員募集には、少ない枠に申し込みが殺到するほどの人気を誇っています。

この書籍を執筆している最中に、牛角が「焼肉食べ放題PASS」、1万1000円で通常3480円の牛角コース（90分食べ放題）を1カ月間利用できるサービスの終了を決定したと報道がありました。撤退した理由は憶測が飛んでいますが、席数や利用時間に限りがあるという制約を十分に考慮できていたのか、そもそも何で利益を稼ごうと考えていたのかなど、検討しなくてはいけないことは多くあると思います。

２９ＯＮと同じくファビーが運営しているコーヒーマフィア（Coffee Mafia）は、効果的な「クロスセル」により、ビジネスを実現しています。月額３０００円で通常、一杯３００円のラージサイズコーヒーを来店ごとに一杯無料で飲めるというものです。顧客からみれば、月に10回通えば元が取れることになります。顧客にとっては良いことですが、企業側としては赤字になる可能性があります。これを補っているのが、コーヒーと共に購入される軽食やランチのメニューです。これにより、客単価も向上させ、利益を確保しているのです。

これも単に軽食やランチメニューを用意するのではなく、会員の購買データを徹底分析することで、顧客の好みや来店時間帯による商品展開を実現しています。コーヒーマフィアでも、２９ＯＮと同様、徹底的なデータ分析をし、「クロスセル」を促進しているのです。

これらの事例から、外食産業では、いずれの業態も、利益を何で稼ぐかということに焦点を当てたビジネスモデルの構築が必要であるといえるでしょう。

# 4 進化するメディア／ソフト業界

## ネットフリックスの成功のしくみ

メディア業界では、定額料金という意味でのサブスクリプションは新しいものではありません。インターネットが普及する前から、新聞や有料放送などは月決めの定額料金でサービスを提供しており、その収益モデルはメディア事業者の安定的な事業運営を支えてきました。インターネットが普及し始めると、メディアサービスは広告型や都度課金型が中心となりました。

その後、広がってきたのが、定額でコンテンツを利用し放題になるサブスクリプション型のサービスです。その中で、国際的に特に躍進しているのは米国発の動画配信サービス、ネットフリックスでしょう。同社はサブスクリプションの特性を活かし、有料型メディアサービスが成功するために必要な要件を満たしています。

広告型のメディアサービスは収益のしくみ上、ページビューや視聴時間などを獲得

**図9　ネットフリックスのビジネスサイクル**

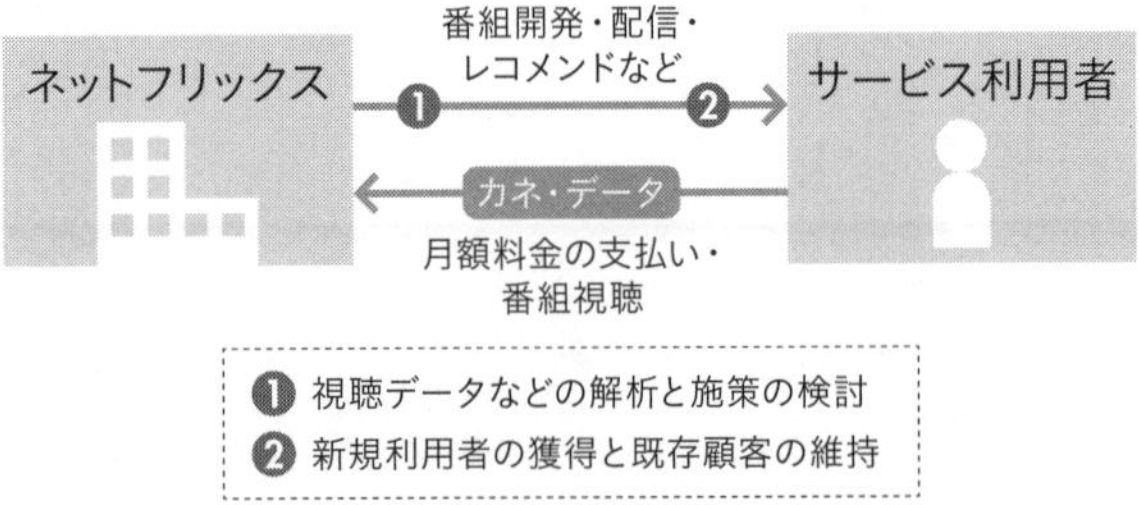


サブスクリプションゆえに収益・顧客基盤が安定しており
投資計画も立てやすい

することが重要となるのですが、有料型では利用者の「対価を支払ってでも利用したい」という欲求を満たすことが欠かせません。動画配信の場合、顧客が望むラインアップや他にはないコンテンツを用意することがカギとなります。

ネットフリックスは視聴データなどの高い解析力と独自番組制作への巨額投資で知られています。同社は社内の豊富なデータサイエンティストによるデータを活用した番組開発やレコメンド（お薦め）などの利便性の追求で、利用者を魅了する番組の継続的な制作と視聴ニーズを踏まえた番組配信を実現しています。サブスクリプションのビジネスモデルで「投資とデータ」の事業サイクルが安定的かつ有機的に機能しているといえるでしょう。

　一方、日本の動画配信市場に着目すると、米国のようにネットフリックスが市場を席巻しているわけではなく、複数のサービスによる群雄割拠の状態にあります。サービスごとにコンテンツのすみ分けがある程度なされており、「対価を支払ってでも利用したい」欲求も分散していることが一因と考えられます。サブスクリプション型ビジネスは規模が大きくなるほど強みを発揮しやすくなります。契約者が増え、投資余力が増えることで、その影響力が増していきます。

　国内の多くの事業者は、現時点ではネットフリックスほど巨額の投資余力があるわけではありませんが、次世代通信規格「5G（第5世代移動通信システム）」など今後の通信インフラの整備を見据えると、ネットメディア・動画配信市場は大きな可能性に満ちており、その波を上手に活用して、ビジネス拡大を図るべきでしょう。しかし、サブスクリプション・ビジネスそのものが退会を自由にできるビジネスモデルなので、ビジネス拡大のためには、いかに他社と差別化するかという戦略の検討が必要になるでしょう。

## ソフト業界では他社サービス活用が成功の一つのカギ

ＩＴ企業、特にソフトウェア企業のサブスクリプション・ビジネスへの取り組みを紹介しましょう。この業界はこれまでライセンスを販売することで収益を得るビジネスモデルを採用してきました。

一昔前までは業務用ソフトウェアを利用するには、初期のライセンス購入に数万円程度、数年ごとのアップグレードに数万円を負担することが当たり前でした。たとえば、米マイクロソフト社の「オフィス」や米アドビのクリエイティブ用のソフトウェアがこれにあたります。しかし、ソフトウェア業界でも数年前からこのようなライセンス売り切り型から、サブスクリプションモデルへの移行が進んできました。

サブスクリプションモデルの場合、顧客側・ソフトウェア企業側双方にメリットが存在しているからです。顧客にとっては、定額課金のため費用の見通しが立てやすくなり、また、常にバージョンアップされ、最新版のソフトウェアを利用することができるメリットがあります。ソフトウェア企業側にとっても、収益予測が立てやすく、将来を見据えた継続的な開発投資をすることができるというメリットがあります。

このような理由から、最近急速に普及しているネット経由でソフトをサービスとし

## 図10　IT業界の転換・チャネル改革例

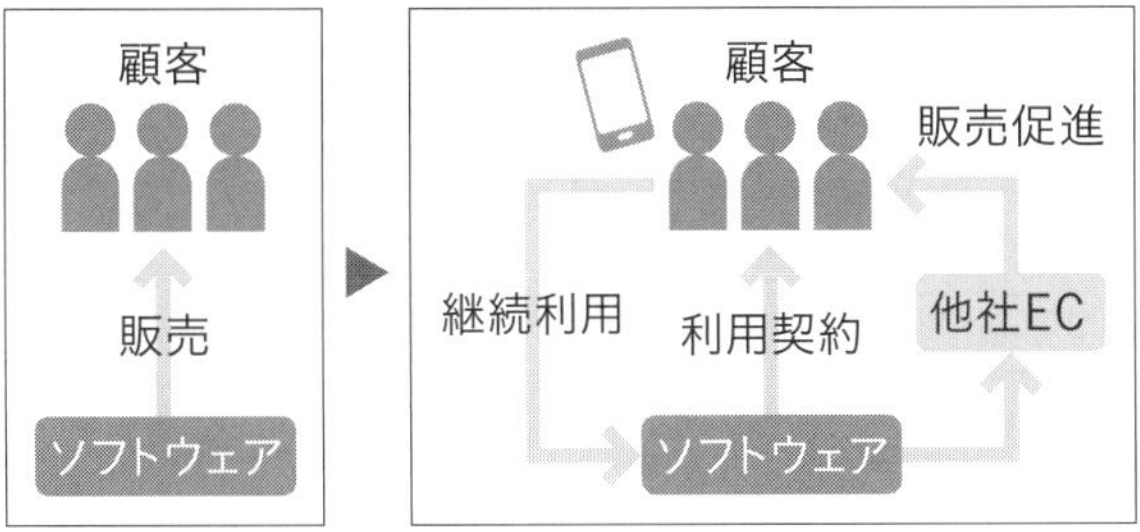


て提供するSaaS（ソフトウエア・アズ・ア・サービス）では、大半がサブスクリプションモデルでの提供となっています。

このようなビジネス環境では、ソフトウェア企業はサービスの差別化のため付加価値の向上が課題となります。現在のSaaSは成長市場であり、大手からスタートアップまで参入が相次ぎ、顧客にとって選択肢は非常に多く、競争は激しくなっています。そのため、ソフトウェアの機能改善やサブスクリプションモデルの提供だけでは、事業成長にとって十分な差別化にはなりません。

一部の企業は、サービスの付加価値向上の施策として、他企業との提携によるチャネル改革に取り組み始めています。たとえば、米アマゾンの「アマゾンSaaSストア」の活用があげられます。

同ストアはさまざまな会社のソフトウェアをＳａａＳ形式で販売するＥＣ（電子商取引）サイトです。ソフトウェア企業は自社のサービスをアマゾンのＥＣサイトで販売し、各種キャンペーンの提示や複数のサービス比較、複数契約の一元管理、請求・決済など、同ストアに備わる顧客利便性の高い機能を活用することで、自社サービスの普及を加速しようとしています。

このように、サブスクリプション・ビジネスはすべてを自社で手掛ける必要はありません。自社でサービスの内容や品質を高めることに加え、他社サービスと組み合わせて顧客体験を向上することで、新規顧客の獲得や既存顧客の継続利用につながり、事業を成長させることができるのです。

## 5 成熟度の三つの段階

### 第1段階

ここまでさまざまな業界のサブスクリプション・ビジネスモデルについて見てきました。それぞれの事例から、業界を問わずサブスクリプション・ビジネスの成熟度には大きく三つの段階が存在すると考えられます。

第1段階はサブスクリプションモデルによるサービスを開始したばかりの状態です。この段階では、一定数の顧客（契約者）に対して、課題・ニーズを充足するためのサービスが提供されており、顧客と企業の間で継続的な関係が始まっています。自動車業界はまだこの段階といえるでしょう。

この段階での顧客の主な課題は、価格などの初期購入の障壁です。たとえば、高額な商品は購入できないものの、サブスクリプションでお手ごろな価格で商品を利用することができるようにすることで、購入障壁を排除することができます。

**図11**
**顧客視点でのサブスクリプション・ビジネスのレベル**

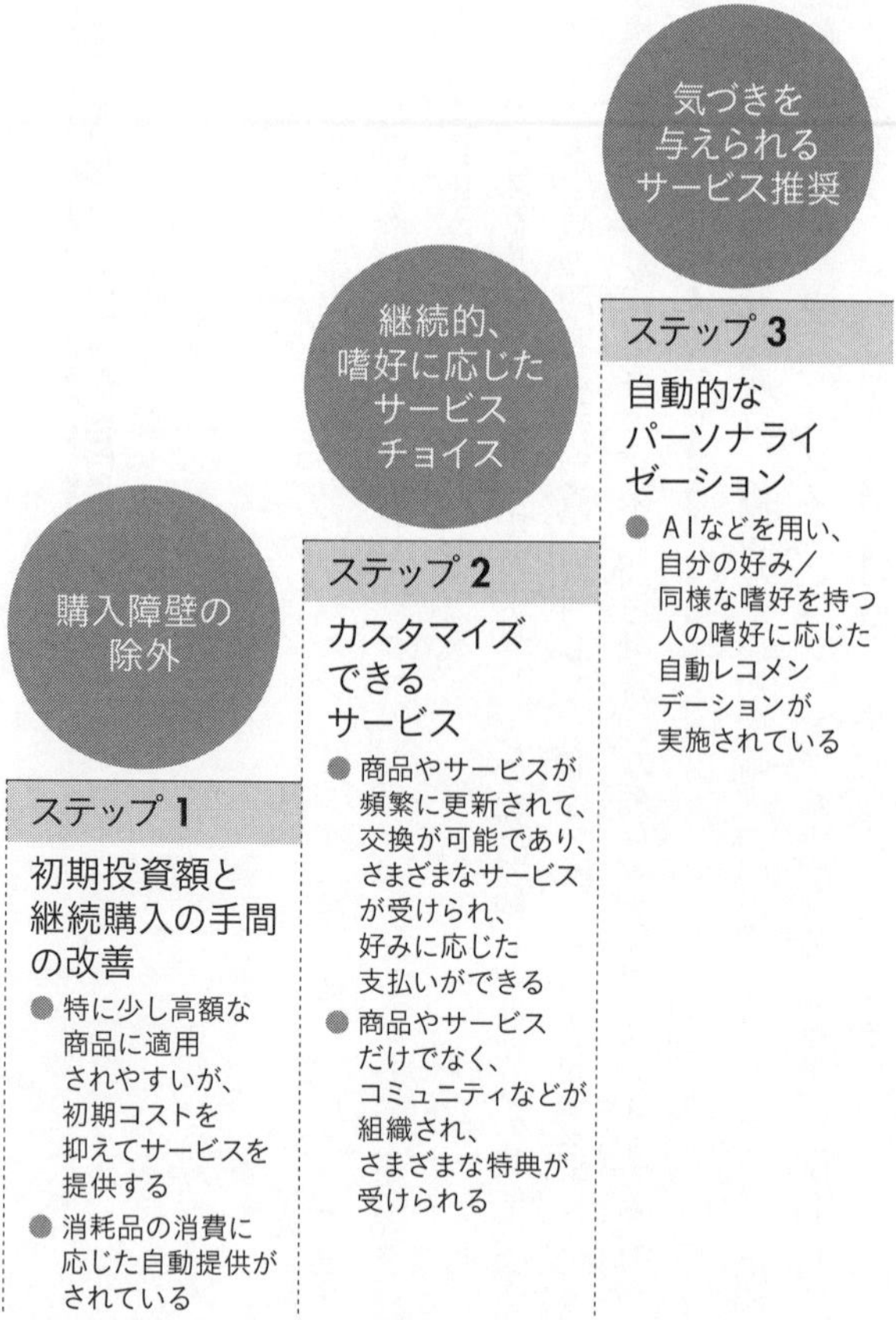
購入障壁の
除外
ステップ 1
初期投資額と
継続購入の手間
の改善
● 特に少し高額な
商品に適用
されやすいが、
初期コストを
抑えてサービスを
提供する
● 消耗品の消費に
応じた自動提供が
されている
継続的、
嗜好に応じた
サービス
チョイス
ステップ 2
カスタマイズ
できる
サービス
● 商品やサービスが
頻繁に更新されて、
交換が可能であり、
さまざまなサービス
が受けられ、
好みに応じた
支払いができる
● 商品やサービス
だけでなく、
コミュニティなどが
組織され、
さまざまな特典が
受けられる
気づきを
与えられる
サービス推奨
ステップ 3
自動的な
パーソナライ
ゼーション
● AIなどを用い、
自分の好み／
同様な嗜好を持つ
人の嗜好に応じた
自動レコメン
デーションが
実施されている

また、購入における手間の壁を排除するビジネスもあります。前述の事務機器の消耗品がこの例にあたります。本体に付随する消耗品の消費状態に応じて完全に消費される前に顧客に届けるビジネスです。このように第1段階では、購入に関する障壁を排除した状態となるのです。

ただし、このような段階の企業では、顧客データの蓄積は端緒についたところであり、継続課金による収益予測の精度は限定的です。また、組織やオペレーションは最適化された状態には成熟しておらず、それどころか、なんとかオペレーションを回すのに精いっぱいの状況といえるでしょう。この段階では、まだサブスクリプションモデルの真のメリットは得られていない状態です。

## 第1段階から第2段階へ

第1段階から第2段階への移行期においてはデジタル活用・チャネル改革などにより、顧客体験がより高度化し、企業と顧客との関係が深まり、長期化し始めた状態となります。この移行段階では、会員情報とそれに紐づく購買情報、サービス利用にともなう顧客行動などがデータとして大量に蓄積され始めます。

もっとも、伝統的なメディア企業のように従来からサブスクリプションモデルでの事業を運営していたとしても、この移行期に突入するとは限りません。たとえば、旧来型の新聞社の多くは、販売店の向こうにいる読者の実際の反応を十分理解するための情報基盤を整備できていません。または整備できていたとしても、活用する組織やプロセスが整備されていない状態といえるでしょう。

この移行期においては、提供するサービスのアプリケーション開発の基盤を整えることも重要です。データ分析の結果から、次に顧客に期待されているサービスを迅速に開発・提供することが求められるからです。

## 第2段階と第3段階

第2段階は、大量に蓄積した顧客データの活用が本格化し、サービスの進化が継続的に取り組まれている状態です。データの蓄積から収益予測の精度が高まり、さらにサービスを発展させるための、継続的かつ大規模な開発投資・R&D（研究開発）の判断がしやすくなっています。この段階はメディア業界での事例に登場したネットフリックスなどが該当するでしょう。

この段階のサブスクリプション・ビジネスを支えるＩＴでは、サービス開発のためのアプリケーション開発基盤が活用され、顧客動向分析から、新サービス開発・提供までのサイクルが最小化され、継続的にサービスの改善が行われています。それにより、顧客は自分の好きなサービスを選択して、支払っている状態になっているでしょう。

さらに発展すると、サービス提供企業と顧客との関係性だけでなく、顧客同士やインフルエンサーなどがつながり、コミュニティが形成され、サービスに関する議論が展開し、企業にとってはより情報収集が容易になっていることが想定されます。さらには広告宣伝がインターネットを通じて勝手に拡大していることまでもが想定されます。

サブスクリプション・ビジネスモデルを運営するための組織・オペレーションといったケイパビリティも、現状と比べて、劇的な変革が必要になります。以前から企業のＰＤＣＡを迅速に回すことが重要であることは認識されていますが、現実的には、データを参照して、そこから知見を得て、アクションにつなげることができている企業は稀有といえるでしょう。さまざまな組織のしがらみなどもあり、月次のＰＤＣＡ

が満足に回せていない企業が多いのではないでしょうか。

サブスクリプション・ビジネスにおいては、組織間の壁を取り払い、迅速なPDCAを回す必要があります。そのような組織や業務プロセスを定義し、実行することが重要なのです。このような要素を備えることにより、ビジネスモデルが成熟し、さらなる事業成長が見込めるようになるでしょう。

第3段階は、AIなどを活用し、自動的に顧客の好みに応じたサービスをお薦めしている状態です。さらに発展すると、顧客が体験したことのないサービスを提供して、顧客に気づきを与える存在になっているでしょう。

今まで述べたように、サブスクリプション・ビジネスモデルを開始したからといって事業の収益力がたちまちに高くなるわけではありません。先に示したように、次の段階へ移行するための取り組みが重要となるのです。そのポイントは顧客体験の高度化のための各種の改革とともに、事業運営のための自社のケイパビリティを高めていくことです。そのためには従来のモノ売りの世界観や企業構造からの脱却が必要であり、事業運営のあり方や考え方を根底から見直すことで初めてその果実が得られるのです。

6

# 撤退事例も続出

## カーシェアで黒字を実現するのは難しい

サブスクリプション・ビジネスに取り組む企業が増える一方で、撤退を余儀なくされる企業も続出しています。GM（ゼネラル・モーターズ）はさまざまな車種の定額乗り換えサービス「ブック・バイ・キャデラック」をリリースしましたが、在庫管理、清掃、傷補修などのコストが想像以上にかさんだことや、価格設定がリースより5割増しとなってしまい、ユーザーから不評となったことで、撤退をしています。

ダイムラーのカーシェア事業である「カーツーゴー」とBMWのカーシェア事業「ドライブナウ」を統合した「シェアナウ」は、アプリを使って分単位でシェアリングサービスを提供していました。顧客は、大都市圏の指定の停車ゾーン内であればどこにでも車を停車して返却できるサービスです。本サービスは、90近くの都市でサービスを開始し、数年後には展開都市を「10倍」に広げる方針を示していました。しかし、先日、米国とカナダから撤退する方針を明らかにし、さらに普及率が低迷しているブリュッセル、ロンドン、イタリアのフィレンツェから撤退することも表明しています。

このようなカーシェアリングビジネスで黒字化を実現するのは難しい状態です。他の自動車メーカーによる同様のカーシェアリングサービスは多数ありますが、まだ明らかな成功といわれる企業は出てきていません。自動車業界は大規模なディスラプションを強いられていますが、新たなモビリティサービスの実現はまだ道半ばといえるでしょう。

## アパレルでは次々撤退事例が

日本酒の頒布会を発展させた日本酒定期宅配サービスでも撤退企業が存在します。こちらは顧客が日本酒の選び方を会得し、自身の好みが確立したら、入会から2年前後で卒業してしまうことが理由と考えられます。こちらは、一定の役割をはたした後の、次のビジネスモデルを模索する必要があります。

アパレル業界では、さまざまな大手企業やスタートアップ会社がサブスクリプション・ビジネスを開始しましたが、多くの企業が撤退しています。特に男性ファッションでは、撤退が続出しています。

AOKIホールディングスの月額制スーツレンタルの「スーツボックス（suitsbox）」は、開始からおよそ半年で撤退となりました。これは、ターゲット顧客として若年層の利用を想定していましたが、実際には店舗で購入していた40代などの中核顧客が多く、販売チャネルごとの顧客の取り合いを起こしてしまったことと、予想以上にシステム経費、運用コストがかさみ、黒字化が困難だったということが原因です。

ゾゾタウンが始めた「おまかせ定期便」は、専門スタッフが顧客の好みに合った商品5～10点を選んでコーディネートして定期的に配送し、顧客が気に入ったものだけを購入して、残りは手数料無料で返品できるサービスでした。既存会員の購入率が伸びず、継続困難と判断して撤退しています。

一方、女性向け洋服の定額レンタルを行っている「エアークローゼット」では、社内のデータサイエンティストたちがそれぞれの顧客に最適なスタイリストを選ぶアルゴリズムを開発し、また、顧客からの着用後の感想や評価などのフィードバックを分析して、次の提案に活かしています。さらには、顧客本人が気づかなかった新しいコーディネートとの出会い体験を創出しています。服という「モノ」だけでなく、データ分析を活用した「新たな体験」を生み出していることで、他社との差別化ができているのです。

## 「永遠のベータ版」

サブスクリプション・ビジネスを成功させるには、高負荷、かつシステマティックなオペレーションをきっちり運用することが求められます。顧客の利用履歴・利用状況を集計・分析し、顧客の動向をとらえ、解約されないよう新規サービスを提供し続けることができなければいけません。また、定期的な請求処理を顧客ごとの契約に基づき、間違いなく実施しなければならないのです。

さらに、より顧客に寄り添ったサービスを提供するために、多様な料金体系やサービスメニューを管理・運営することも重要です。もし、顧客が他に魅力的なサービスを発見したら、簡単にサービスの利用をやめてしまうからです。サービスに加入する参入障壁を下げて加入を促すメリットがある一方で、簡単に解約できてしまうのも、このビジネスの特徴といえます。

さらに、日本企業が不得意としてきた「システムやデータを最大限に活用して、意思決定を短サイクルで回していくこと」が欠かせません。その変革ができた企業のみが成功者になれるといえるでしょう。

ここで取り上げた事例を踏まえると、サブスクリプション・ビジネスの成功のために重要なことは、顧客と1対1で真摯《しんし》に向き合い、サービスを改良しながら継続的に提供する熱意と意欲、また、それを実現するシステム・データの徹底活用と短サイクルなビジネスプロセスであるといえます。さらには自社が提供しているビジネスモデルの強みと収益モデルを見失わないことも重要です。これらを実現できない、軽視する、または怠ってしまうとそのビジネスは終焉を迎えるでしょう。

ズオラの創始者のティエンも「サブスクリプション・ビジネスは永遠のベータ版」と述べているように、顧客の声を聞き、かつ、それに応じた対応を継続的に行っていくことが重要なのです。それができないとビジネスは終焉に近づいてしまいます。本書で成功事例として述べた事例も、それは例外ではないのです。

第3章

# 変革成功のためのポイント

## 1

# 日本企業が陥りがちな失敗

### サブスクリプション・ビジネスは「新規事業」

日本企業におけるサブスクリプション・ビジネスの定着度を考察してみましょう。数年前、「モノ売り」の会社がこぞって「サブスクリプション始めます」もしくは「リカーリング（繰り返し稼げる）ビジネス始めます」などの事業方針を唱え、中期経営計画にも記載する企業が多数出現し、本格的なサブスクリプション・ビジネスの展開が期待されました。

にもかかわらず、ほとんどの日本企業でうまくいかなかったというのは、本書の冒頭で述べたとおりです。図12に示したとおり、サブスクリプション・ビジネスを支えるためには、顧客分析基盤の整備、決済システムの確立、申し込みのユーザーインターフェースの整備、経営管理指標の見直しと業務プロセス・組織の改革などさまざまな要素が必要であり、ビジネスをゼロから立ち上げるのと同じくらい、もしくはそれ

図12 サブスクリプション・ビジネスを支える基盤

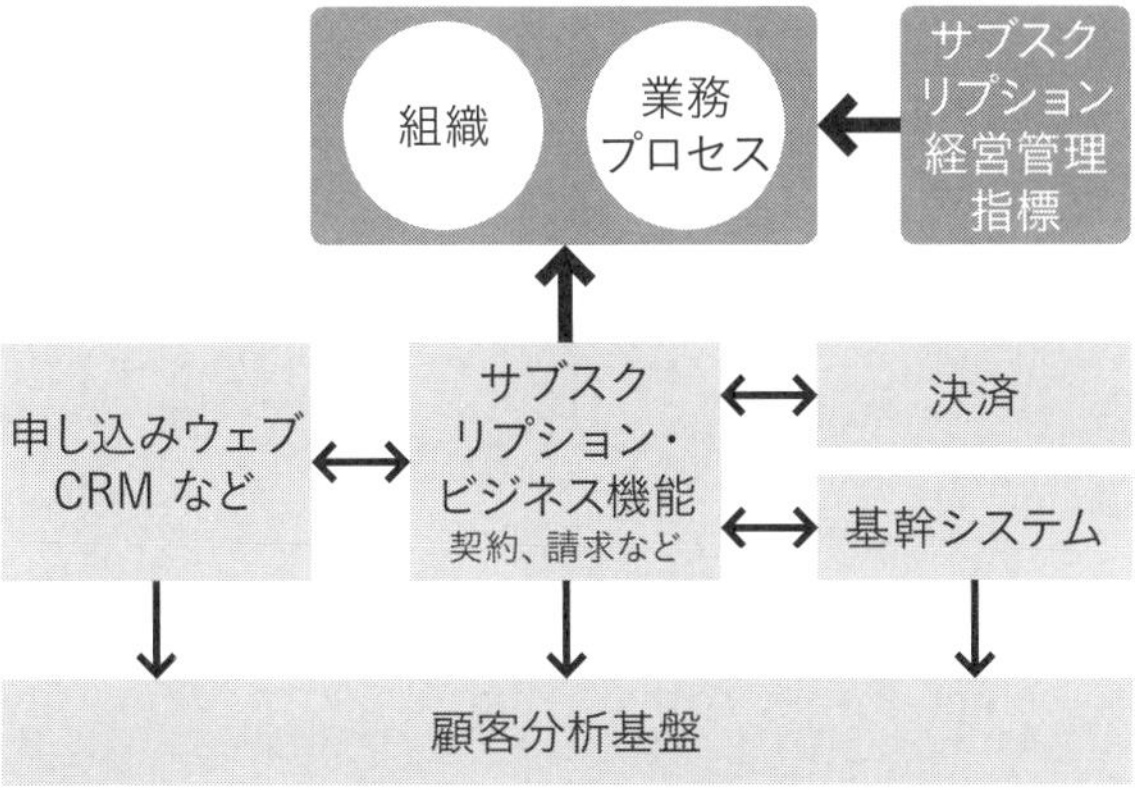


以上の負荷がかかるのです。

これらのことを考慮せずに、サブスクリプション・ビジネスを単に「良いサービス企画を実現すれば売り上げが増える」と考えていたら、日本企業はさらなる撤退事例を増やすだけに終わってしまうでしょう。サブスクリプション・ビジネスを検討するということは、新規事業を企画することであり、既存組織や業務プロセスをディスラプト（Disrupt：破壊）する必要があるのです。

## 「失敗の種」はいたるところに

サブスクリプション・ビジネスを検

討することは、新規事業を企画するということなのですから、新規事業の構想策定から始め、サービスの内容を検討・検証し、投資効果を見据えたビジネス企画を立案することが重要です。この構想策定のプロジェクトを発足するまでに、さまざまなステークホルダーに、このビジネスの有効性を理解してもらうことには、たいへんな時間がかかります。そしてもしプロジェクトが無事に立ち上がったとしても、その先でさまざまな課題にぶつかることになります。

構想策定、そしてビジネス企画の段階では、既存の組織の枠組みにとらわれずに、ビジネスを検討することが大事です。しかし、しがらみにとらわれるあまり、会社全体の視点からビジネスをとらえられないケースが少なくありません。このためには、さまざまな部門から人材を集めて、ビジネスアイデアを募るといった取り組みが効果的です。特に、顧客との接点となる部門の意見は傾聴すべきです。

単に意見を聞くだけでなく、それらを取りまとめて、取り組みを推進するリーダーの存在も重要です。ほとんどの企業において、この取り組みは、新しく前例のないもののはずです。最終的には、ビジネスモデルを仮決めし、実施してみないと、成功に向けての本当の課題は見えてきません。長時間考える人材よりも、すぐに行動に移せる、実行できる人材が大切なのです。

リーダーにはさらに重要な役割があります。新規ビジネスは少なからず、既存ビジネス部門の協力がないと成り立ちません。しかし、どの企業においても、新しいものには拒否感があり、なかなか協力を得られないことも珍しくありません。筆者が顧客のプロジェクトにおいてサブスクリプション・ビジネスモデルを展開していく中でも、既存のビジネス部門から「総論賛成・各論反対」の批判を受けることが多々ありました。このような状況を打開していくのもリーダーの役割なのです。

サービス内容については、あまりにも最初から豊富すぎる機能を盛り込んでしまわない方がいいでしょう。豊富な機能の実現には、多大なコストと時間がかかり、せっかく企画したサービスの開始時期を逃してしまう可能性があるからです。同時に、多大なコストがかかるとなると、企業としての投資判断にも時間がかかってしまうので、得策ではありません。

## 2 変革その①　マーケティングとサービス企画

### 8つの業務プロセス

サブスクリプション・ビジネスを実現するための業務プロセスとして必要最低限なものを見ていきましょう。「モノ」が絡んでくる場合には、さらに複雑なプロセスになりますので、それについては後述します。

業務プロセスとして必要最低限なものは、①顧客分析、②価格設定・サービス投入、③提案・見積、④契約、⑤課金計算、⑥回収、⑦請求、⑧会計となります（図13参照）。

これらのすべてが顧客視点で展開される必要があります。①顧客分析、②価格設定・サービス投入、③提案・見積においては、真の顧客の声を迅速にとらえて、価格設定や新サービスの提供につなげていく必要があります。迅速に人間の判断を加えて実施していかなければなりません。

**図13 サブスクリプション・ビジネスに必要な業務**

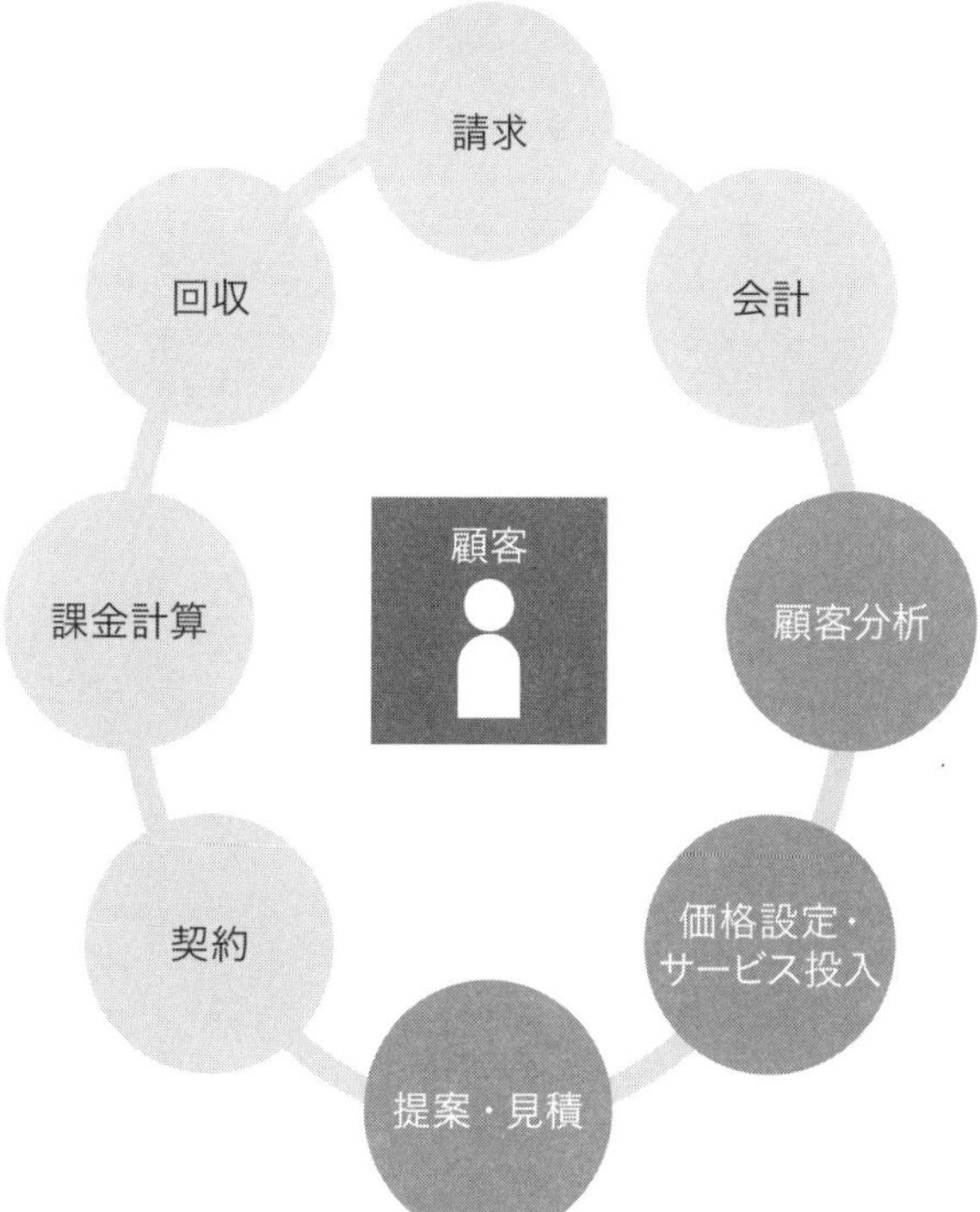

一方、④契約、⑤課金計算、⑥回収、⑦請求、⑧会計という後半のプロセスは、顧客の視点でいうと、「できて当然、速くて当然」のプロセスであり、間違いがないようにズオラをはじめとするサブスクリプション・ビジネス専用の業務パッケージなどを利用して、迅速かつ正確に処理をする必要があります。

余談ですが、多くの日本企業のサブスクリプション・ビジネスは④〜⑧までのプロセスを回すために、従業員が必死になっているように見受けられます。本来は、①〜③に人間の叡智を集約すべきなのですが。

サブスクリプション・ビジネスの成功には組織・機能の変革が欠かせません。①顧客分析、②価格設定・サービス投入、③提案・見積の業務においては、「モノ売り」から「コト売り」への転換で「顧客に利用し続けてもらう」ために、顧客体験価値の変化を察知し、いち早くサービスに反映するサイクルの構築が肝となります。本業務を実現するにあたっての主な登場部門は、企業側のサービス企画、マーケティング、アナリティクス（分析）の３つです。

## サービス企画

サービス企画を担う組織・機能は、サブスクリプション・ビジネスが成長サービスであることを意識し、顧客体験向上に対応し続ける部門に変わる必要があります。なぜならサブスクリプション・ビジネスでは、顧客満足度の低下によって失った顧客は二度と戻ってこないからです。

従来のモノ売りで企画部門が行う簡易かつ頻度の少ない顧客調査程度では、顧客体験を把握し続けることは難しいでしょう。サービス提供開始後もサービスを進化させ続けるために適切な場所・タイミングで顧客情報を取得できるしくみが必要となります。取得した情報を分析し、たとえば、新たなニーズや潜在顧客などのインサイト(隠れた欲求)を抽出し、サービスに反映していきます。このサイクルを高速化・継続化すると効果的です。

サブスクリプション・ビジネスの企画部門は、サービス提供開始後の方が大変といえるでしょう。先ほども述べた「永遠のベータ版」を提供し、改善をし続ける努力が必要となるからです。

**図14 顧客分析部門の機能**

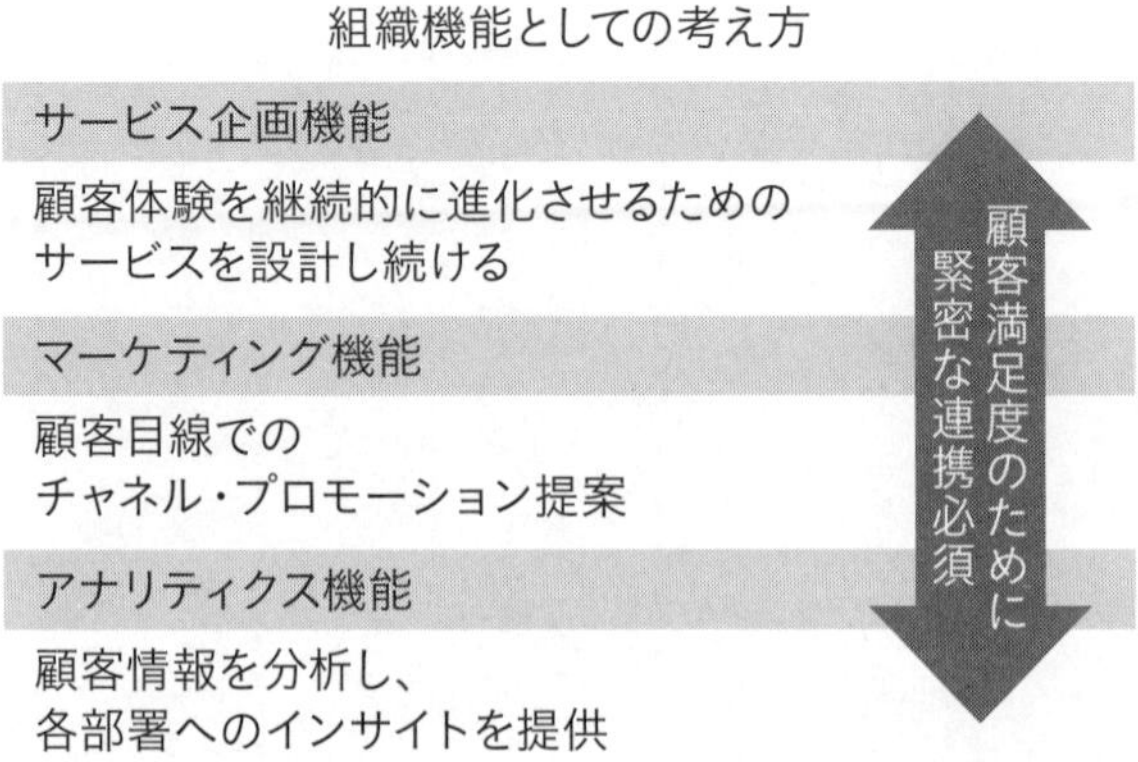


## マーケティング

マーケティング組織・機能は、今まで以上に、「顧客との関係づくり」に重きを置く部門にならなければなりません。具体的には、従来のように既存チャネルを前提に売り方を考えるのではなく、あくまで顧客目線で、サービス利用中だけに限らず、利用前後でも、求められることをタイムリーに適切に提供できる顧客関係を構築する必要があります。この関係づくりを通して得た顧客の声・ニーズを企画担当者へ共有し、提言をすることで、マーケティング組織にしかできない顧客の生の声を届けることができるのです。

## アナリティクス

アナリティクス組織・機能でも、取得データの扱い方が重要です。その情報の分析や活かし方は分析担当者の差配次第となります。各部門に分析結果を伝えることでサービスが改善され、顧客満足度、すなわち既存顧客の維持や新規顧客の獲得につながっていくわけです。日本でこうした技術・能力を持つ人材が不足していること、そしてデータの所管部門の争いになることが少なくない、という点が課題です。また、既存データが企業内に散在することも問題です。データ分析を行う以前に、どのデータが真のデータなのかを明確にする取り組みが必要になることが多々あります。

顧客満足度を高めるには、サービス提供開始後も各部門が連携し、分析や施策への反映スピードを速くし、サービスを進化させ続けることが重要となります。

## 3 変革その② 管理部門

### 大胆で柔軟な管理部門へ

　サブスクリプション・ビジネスで流通部門や経営管理部門に求められる変革とはどのようなものでしょうか。「顧客に買ってもらう」ことから「顧客に使ってもらう」ことへ、ビジネスの本質の変化に対応しなければなりません。

「モノ」を扱うビジネスでは、流通部門も重要な役割を担います。流通部門では「顧客接点」としての側面で組織のあり方を見直す必要があるでしょう。サブスクリプション・ビジネスでは顧客理解を深め、サービスを進化させることが重要である、ということを何度も述べてきました。顧客を実際に訪問してサービスや商品を届ける流通部門は、貴重な顧客接点となりうるのです。

　流通機能は外部委託するケースも少なくないですが、訪問時に顧客のサービス利用状況や要望などを吸い上げ、サービス企画やマーケティング部門へ共有する役割を担

**図15　流通組織の戦略部門としての役割**

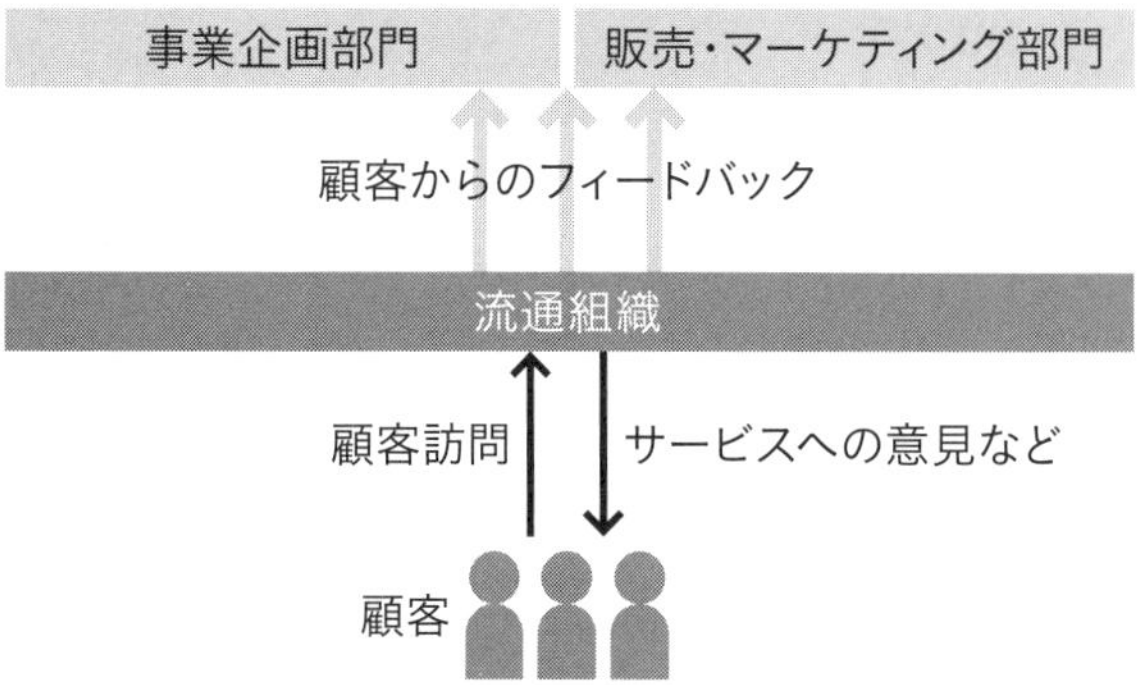


うことができます。このような顧客接点としてサービス進化に貢献する組織への転換というテーマは、流通部門にとって大きな挑戦となるでしょう。

サービスのあり方によっては、回収や交換など還流物流の強化もテーマとなります。ビジネス成長のためにどんな役割を流通部門に持たせるか、十分な議論が必要でしょう。

## 精度の高い収益予測・分析のために

経営管理部門では、収益予測モデル策定やオペレーション全体の統括がより重要になってきます。サブスクリプション・ビジネスでは、顧客の契約・解約状況などをもとに長期間にわたる精度の高い収益予測が可能になることが、大きなメリットの一つです。一方で、顧客の乗り換えを防ぐには継続的かつ長期的視点でサービスを進化させなければなりません。このとき、進化の方向として大胆な戦略投資による提供サービスの質・量の充実や、ニーズにあわせた料金メニューの多様化などが考えられます。

たとえば、本書で取り上げたネットフリックスは、2013年にオリジナル番組の制作・配信を始め、2018年には1兆円を超える規模の番組制作投資額に達したと見られています。コンテンツ制作投資を年々拡大させることで、サービスの独自性を高めているのです。また、日本の新聞社のネットサービスでも、新しいサブスクリプションモデルへの注力・転換の過程で、利用者のニーズにあわせた多様な料金メニューを検討している例があります。

これらを実現させるために、精度の高い収益予測・分析モデル・適切な経営指標を確立し、経理の領域で柔軟性のあるオペレーションを構築するなど、経営管理部門が果たすべき役割には大きいものがあります。

## 4 変革その③「モノ」のサブスクリプション

### 「モノ」がともなう場合の業務プロセス

前述の顧客データ分析から新サービス提供に向けてのプロセスは、すべてのサブスクリプション・ビジネスにおいて重要な点ですが、ここでは「モノ」をともなうサブスクリプションの業務プロセスの留意点について解説します。特に、出荷して顧客先に到着すれば顧客資産になる日用品・消耗品ではなく、少々大型で企業資産となる製品を出荷している場合について見ていきましょう。

「モノ」をともなうということは、通常の製造業と同じプロセスをすべて持っているということです。つまり、製品を製造するためのバリューチェーンすべてを含むことになるわけです。

たとえば、一般的なバリューチェーンを考えた場合、「製品開発」「設計」「部品の調達」「部品の加工」「半製品の製造」「製品の組み立て」「梱包」「出荷」などが考えられます。また、このプロセスを各社で分担する場合には、「会社間の受注・出荷」および「会社間の会計取引」など、複雑な業務プロセスが存在することになります。

すでに製品を製造する業務プロセスが存在するので問題ない、といわれる企業も多いでしょう。そうであったとしても、従来型のビジネスとサブスクリプション・ビジネスが共存する場合には、オペレーションの違いをきちんと各部門が理解し、運用する必要が出てきます。ただし、逆にあまりに違うオペレーションを設計してしまうと現場が混乱をきたしてしまうので、業務設計には注意する必要があります。

## 顧客情報の管理、故障時の対応も考えておく

「モノ」をともなう場合には、顧客情報の管理も複雑になります。「モノ」をともなわない場合には、「契約先」と「請求先」の二つを管理すればよかったものが、「モノ」をともなう場合には、先の二つに加えて、「出荷先」も考慮する必要があります。また、「モノ」の設置先、もしくは所在地の管理も重要となるでしょう。

特に、B to Bビジネスとなった場合には、一つの契約で複数の製品を契約し、また、その出荷先、設置場所などが複数にまたがることも想定されます。これらのことを考

慮すると、その機器ごとのＩＤなどを活用した個体管理を行い、そのデータを管理することが重要になります。

当たり前のことですが、従来型のビジネスとサブスクリプション・ビジネスとの大きな違いは、従来型が製品の所有者が顧客であるのに対して、サブスクリプション・ビジネスでは製品の所有者は提供企業側に存在する、ということです。顧客は製品が生み出すサービスを購入しているのであって、製品を購入しているのではありません。これは、提供企業側としては、製品が動作しつづけることをできるだけ担保しなければいけないことを意味しています。

このような状況において、故障など製品に問題が生じたときの業務プロセスの検討は、非常に重要です。製品が故障をしている間は、サービスの提供が停止してしまうので、たとえば、１カ月サービスが停止してしまうということが起こってしまうと、大きな問題になります。このダウンタイムをできるだけ短く抑えるために、故障や修理などの依頼を受けるコンタクトセンター業務の確立、その場合の代替品の準備と迅速な出荷が、特に重要になります。

コンタクトセンターが、通常の製品修理の問い合わせなのか、サブスクリプション・

ビジネスにおける問い合わせなのかを切り分けるように業務を設計しておく必要があるでしょう。また、製品を交換する場合の代替品の在庫をどこに保管しておき、どの拠点から出荷すべきなのか、修理を行う場合には、どこで修理するのか、というようなことも、物流の設計として実施しておかなければなりません。

これらの故障発生時の顧客対応の業務プロセスに加えて、故障した後の処理についても検討しておく必要があります。故障した製品の返品の処理と製品所在地の管理も、資産管理として重要になります。また、故障の責任が企業側にあるのか、顧客の間違った使用方法によるものかを切り分け、必要に応じて、修理不能損害として顧客に請求すべきなのかということも検討しておかなければなりません。さらに、製品個体ごとの修理履歴も管理する必要があるでしょう。それらに加えて、製品の定期的な検査などのメンテナンス計画を立案し、実施するといったような、顧客へのサービスが滞らないような施策も、あらかじめ計画し、能動的に実施するべきでしょう。

## 付属品・消耗品の交換プロセスを整備しておく

解約時の返品の業務プロセスも重要です。顧客は、よほど大きくて邪魔な製品でない限り、積極的に返品処理を行ってくれないかもしれません。その場合、製品個体のトレースができるようにし、返品がない場合の違約金の請求プロセスなども整備しておかなければなりません。

最近の製品には「モノ」自体のメカ機能だけでなく、ソフトウェアが組み込まれていることが多くなっています。前述した「モノ」のメカ機能のメンテナンスだけでなく、この組み込まれているソフトウェアに対するメンテナンスも重要です。インターネットを通じた組み込みソフトウェアの自動バージョンアップ機能の付与や、製品が顧客に到着してサービスを開始するときの初期のインターネット接続処理のサポート、顧客情報と製品個体情報を紐づける処理も重要になるでしょう。もちろん、顧客の利用状況を正確に把握するためには、この製品個体とインターネットの接続は必須事項になるはずです。

製品本体に付随する付属品や消耗品の業務プロセスも考慮しておかなければなりません。バッテリーのような付属品は企業資産として管理されます。しかし、製品本体に比較し、交換サイクルが短いので、そのための業務プロセスを製品本体とは別に設計しておく必要があります。充電できなくなれば交換品を送付し、不要になったバッテリーを回収する業務プロセスがそれにあたります。それに加えて、充電必要期間が短くなった状況を検知するしくみが製品本体の設計、製造時に考慮されておくべきといえます。

定期的、かつ短サイクルで交換が必要になる消耗品は、顧客資産となります。サービス提供側の管理で必要なのは、使用状況に応じて、定期的に配送することです。事例で述べた事務機器のインクなどの消耗品がこれに相当しますが、このためには消耗品の消費状況が製品本体から検知できるようになっている必要があります。これらの情報が検知可能となるように、製品本体の開発時にメカ、および組み込みソフトウェア双方に機能追加しておくべきでしょう。

## 代理店・販売店の役割とメリットをはっきりさせる

先にも述べたように、顧客接点の管理は、従来型のビジネスでも重要ですが、サブスクリプション・ビジネスでは特に重要なものと位置づけられます。その接点は、「モノ」をともなう場合には、数多く存在することになります。たとえば、製品を出荷して、必要に応じて設置作業を行った配送業者や設置技術者、定期的なメンテナンスを現地で行う作業実施者、故障かもしれないと電話をかけてきた顧客の応対をするコンタクトセンターのオペレーターなど、このビジネスに関わって顧客にサービスを提供しているすべての関与者が顧客の声を聞く立場にあります。これらの接点を活用して顧客の声を集め、顧客に納品した製品から上がってくるデータと突き合わせ分析することが、よりよいサービスの提供につながるのです。

従来型のビジネスで、代理店・販売店を活用している企業も多いでしょう。サブスクリプション・ビジネスを開始する際には、小さくビジネスを始める企業が多いのですが、その場合のほとんどは、直販部門で試すのではないでしょうか。筆者もそれをお薦めします。

代理店・販売店をこのビジネスに巻き込むためには、インセンティブ設計などの周到な準備が必要となってきます。ビジネスの拡大において、代理店・販売店の活用をする場合には、彼らに期待する役割とメリットを明確にし、顧客、代理店・販売店、そして自社企業と、3社がウィン—ウィン—ウィンの関係になるようにビジネスモデルを設計しなければなりません。一つ間違えば、今までの代理店・販売店のビジネスを阻害すると誤解されることもありますので、慎重なビジネスモデル設計と代理店・

販売店に対する説明が必要となるでしょう。

代理店・販売店も顧客接点の一つであることを忘れてはいけません。本ビジネスにおいて、顧客との最初の接点になる可能性のあるプレイヤーです。企業は、代理店・販売店のトラステッド・パートナー（信頼できる協業相手）になり、自社の一つの顧客接点としてふるまってもらえるように、良い関係性を構築しておくことが重要になります。

## 5 変革その④ 代理店・販売店管理プロセス

サブスクリプション・ビジネスに特有なことではありませんが、ここで代理店・販売店管理のプロセスについて述べます。代理店・販売店とウィン―ウィンの関係になるためのプロセスは、３つのステップから構成されます。ステップ１が「新規・強化対象代理店・販売店候補の選定」、ステップ２が「計画立案と立ち上げ」、ステップ３

が、「管理」になります。このステップにより、代理店・販売店とビジネスの目的とおのおのの役割を共有し、一緒にビジネスを推進していくことになります。そして、このサイクルを何度も繰り返し回し、顧客体験を向上するための施策を行います。以降、各ステップについて説明しましょう。

## ステップ1　新規・強化対象代理店・販売店の選定

協業する、もしくはすでに協業しているが、さらに強固な関係性を構築する代理店・販売店を決定し、相手方と合意します。

まずは、自社のビジネスプランを明確にし、代理店・販売店に期待する役割を定義します。サブスクリプション・ビジネスの場合には、この際、顧客の情報を自社が収集できるような役割分担にしておかないと本質を外してしまいますので、注意が必要です。たとえば、販売は代理店が行い、サービスを開始するには顧客が直接自社のウェブサイトなどで顧客情報を入力する必要があるような役割分担にするということも考えられます。

一方、その場合の代理店・販売店のメリットについても、忘れずに決めておくべきでしょう。販売時のマージンだけでなく、顧客がサービスを利用すると代理店・販売店にもメリットがあるなど、十分に協力する意味があるように設計することが重要になります。

次に、役割に応じた代理店・販売店の選定基準を決め、自社のビジネスプランと適合している相手先を選定します。

その後、実際の相手先との合意プロセスに入ります。ビジネスモデルの理解を深めるための説明をし、サブスクリプション・ビジネスを始めることの意義、また代理店・販売店のメリットが十分にあることを説明します。そして、忘れてはいけないのが、従来型ビジネスを阻害するようなことはない、ということを理解してもらうことです。新しいことを始めるために労力を費やす必要がある一方、従来売り上げが減少するとなると、「労多くして実りなし」と映ってしまうので、そうなってしまわないように注意しなければなりません。

## ステップ2　計画立案と立ち上げ

協業する代理店・販売店を決定したのち、どのように、そしていつまでにビジネスを立ち上げていくかの計画を立案し、合意します。

まずは、相手先と議論する前の準備を入念に行います。この際に、自社の望みだけをまとめるのではなく、きちんと相手先の状況を分析しなければなりません。相手先のビジネス規模・業績の推移の把握、市場における強み・弱みの分析、相手先の意思決定にかかわるステークホルダー（関与者）の洗い出しは、最低限実施されるべきでしょう。

次に、目標売上、成長率、利益などのビジネスゴールを定めます。特に留意すべきは、従来型ビジネス売り上げとサブスクリプション・ビジネスの売上を区別し、目標を立てることです。ビジネス立ち上げ後に、うまくいっているのかどうかをきちんと判断するためにもこの目標設定は重要になります。

そして、そのビジネスゴールを達成するための行動計画を立案します。行動計画を立案する際に重要なこととして、期日を決めることは当然ですが、どちらが実施する事項なのかを明確にすることが欠かせません。なんとなく実施する行動計画ではなく、実際に明日、もしくは合意した瞬間から始める計画にする必要があります。

余談ですが、企業内における各個人の目標設定において述べておきます。各企業において、期初に個人の1年間の目標設定を行うシーンがあると思います。その際に、「今期、このようなことができるようになったらいいな」というようなことを漠然と記載し、行動計画が具体的ではないことが多々あるのではないでしょうか。

本来、目標設定なので、具体的に何を実現するのかを明確にし、できれば達成レベルを定量化しなければなりません。ここまでは実施する企業も多いでしょう。次に具体的な行動計画を立案するわけですが、その際に重要なのは、「明日から、もしくは、今、この瞬間から何を実施するか」という問いに対して、明確になっているかどうかということです。さらには、自学自習で頑張りますというのではなく、途中経過を身近な誰に見てもらうのかが明らかになっているということも「明日から実行できる行動計画」の忘れてはならない要素となるでしょう。

### ステップ3　管理

行動計画の実施状況とビジネスゴールの達成状況を定期的に確認します。少なくとも月次で確認し、課題が発生していないかを確認し、必要に応じて追加行動を取ることを計画します。

それに加えて、代理店・販売店の評価も実施します。評価項目例としては、市場認知度の向上、相手先のマネジメント層の動きとその品質、相手先の現場の動きとその品質、ロイヤリティの向上、また、今回の取り組みで財務的なリスクが増加していないか――といった点があげられます。

同時に自社の評価も実施します。代理店・販売店と約束した行動をきちんと実施しているか。その品質は十分なのか。自社は相手先に十分な支援を実施しているか。相手先は自社の行動に対して、満足しているのか――といった点です。当然のことですが、自社の至らない行動は、即刻改善すべきです。

代理店・販売店の満足度評価も重要です。これは、頑張ってくれているとか、よく支援してくれたということを確認するのではなく、「相手先が自社に期待していたこと」に沿ってビジネスができているのかを確認するために実施するのです。

設問としては、「このビジネスの立ち上げに、何が重要だと考えているか」「自社が、それらの要素を十分に提供できたか」を尋ね、「期待値と実際に提供できたこと」の確認を行い、「自社が提供したつもりだったのに、相手先がそのように認識していないこと」の抽出を行い、次の計画立案、行動実施時に反映をさせていくのです。

以上が、代理店・販売店管理のプロセスですが、当たり前のことばかりで特別な事項はないと思います。ただし、新規ビジネスであるので、きっちりと計画を立て、相手先と合意しながら、二人三脚で進んでいく姿勢を明確に打ち出し、ビジネスを立ち上げなければならない、という基本は忘れないようにしましょう。

## 6 変革その⑤ ビジネスを支えるＩＴ組織の変革

サブスクリプション・ビジネスに求められるＩＴ機能やアーキテクチャーは後述しますが、ここではそのＩＴを実現する組織についてみていきます。今まで何度も述べているように、サブスクリプション・ビジネスの成功に向けては、素早くデータ分析を行い、それに基づいた新サービスの提案などを行っていくことが求められます。これを実現するためには、ＩＴ組織もそれに対応できなければなりません。

つまり、ビジネス変革に基づくシステム変革の要求量が増え、かつ新技術（ＡＩや

## 図16 ビジネス要求とIT部門の対応

### ビジネス部門の要求

| | |
|---|---|
| 量 | 要求量の増加<br>変化し続ける市場要求に対応するために、<br>**サービス拡張への対応を、継続的かつ頻繁に要求**する |
| 技術 | 要求難度の向上<br>市場の優位性を確立するために、**新技術（AI、IoTなど）を活用した新サービスのアイデアを実現する要求が増加**する |
| スピード | 要求スピードの高速化<br>「スモールスタート」にて、小さい成功を積み重ねるアプローチを実現するために、**実現スピードの向上を要求**する |

### IT部門の対応

| | |
|---|---|
| 量 | デリバリー可能量の限界<br>人手不足・限られた予算に対し、増大し続けるシステムの保守・拡張要求により、**対応不可の要求が増加**し続ける |
| 技術 | デリバリー可能技術の限界<br>技術の多様化や難度向上により、**最新技術に対応可能な人材が不足し、デリバリーが困難**になる |
| スピード | デリバリースピードの限界<br>アジャイルアプローチを駆使しても訪れる開発期間短縮の限界により、**デリバリースピードは頭打ち**となる |

## 図17 ビジネス要求とIT対応力のギャップの広がり

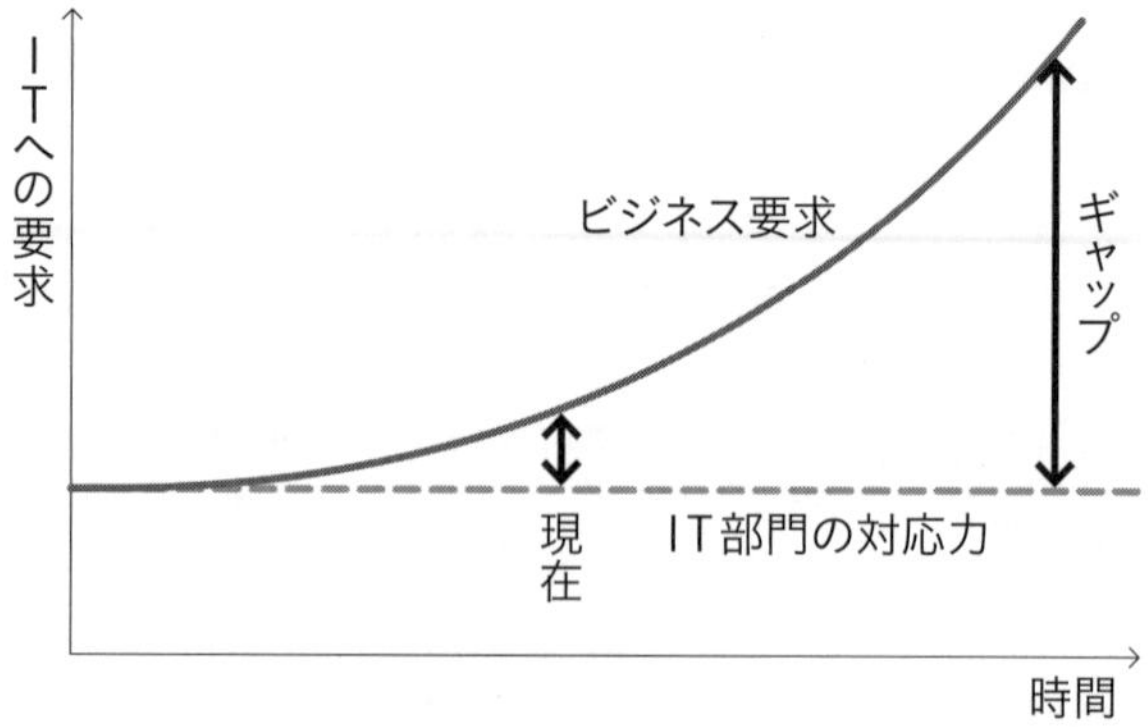


ＩｏＴ基盤など）が台頭しているため、それらに対応できる調査研究の実施や人材の育成が求められているのです。さらには、それらの変革を高スピードでこなしていかなければなりません。

それに比して、日本企業のＩＴ部門の実力値はどうでしょうか。多くの日本企業のＩＴ部門は、新しい要求が発生したときには、お抱えのシステム開発会社に相談し、見積を取り（もしくは複数のシステム開発会社に相見積を取り）、比較・決定し、そして社内の投資申請をして、それが通ったらプロジェクト体制を組み、開発を始める……こんなプロセスを踏んでいたら、新機能のリリースまでにどれくらいの時間がかかるのでしょう。おそらく小さいもので半年、大きいものでは数年となってしまうでしょう。その間にユーザーは離れ、ビジネスは失速してしまうことは容易に想像できます。

また、最近ではクラウド上に有効なＳａａＳアプリケーションやデータ連携基盤などができてきています。アマゾンやマイクロソフト、グーグルなどのＩａａＳベンダーもＩａａＳにとどまらず、開発を容易にするＰａａＳ環境や、独自の開発のための部品などをリリースし、迅速なビジネス改革に追従するための武器を用意してきています。

今後のＩＴ部門に必要なことは、これらのありもののアプリケーションや基盤などを最大限に活用し、素早く自分たちの手で開発を実施してしまうことです。そのためには、ＩＴ部門の人材の能力を、システム開発会社を管理することから、自分たちでアーキテクチャーを検討し、ビジネス部門と一緒に開発を推進することができる人材に変革する必要があります。また、単に開発を実施できるだけでなく、最新のシステム開発方法論の理解も重要になります。従来のウォーターフォールの手法だけでなく、アジャイル開発の手法や考え方も習得しておく必要があるでしょう。これについては、次章で改めてくわしく述べます。

## 7 変革その⑥ ビジネスを支える経営指標

### 未来志向で損益を計算

「モノ売り」から「コト売り」へ、サブスクリプション型にビジネスモデルを変革するにあたって、経営指標も見直す必要があります。

「モノ売り」における売り上げは、ご存じのとおり「価格×数量」で計算され、顧客にはできるだけ高い価格で多くの量を購入してもらう必要があります。高い価格と多くの量という、二つの相反する要素を追求することは容易ではありません。この二つのバランスを取るために、顧客が本当に何を求めているかを追求しきれていない企業が多いのではないでしょうか。

一方で「サブスクリプション・ビジネス」における売り上げは「価格×契約数×契

約期間」で計算でき、いかに継続利用をしてもらえるかが重要になってきます。企業は顧客のニーズ、利用状況や嗜好をとらえることに迷わず注力することができます。顧客にとっても自身に一番あった、良いサービスを提供してくれる企業・サービスをその都度、取捨選択していけることになります。

これらの従来型のビジネスモデルとサブスクリプション・ビジネスモデルの売上に関する大きな違いは、この売り上げが、単発なのか、それとも将来継続する可能性のある売上なのか、ということにあります。

従来型は、売り上げが上がった後に、そこから余剰になった金額を次の投資に回すという過去の実績に基づくビジネスです。これに対して、サブスクリプション・ビジネスは、将来売り上げを考慮したうえで投資計画の立案が可能となるビジネスなのです。未来志向の損益計算が必要であるとご理解ください。以降、サブスクリプション・ビジネスモデルの損益計算について述べていきましょう。

## 基本的な指標と算出式

サブスクリプション・ビジネスの経営状況を表す基本的な指標と式に「ARR（n年

**図18**
**サブスクリプション・ビジネス評価の基本式**

ARR（n年目） − Churn ＋ ACV ＝ ARR（n＋1年目）

ARR（年間定期収益）

- 既存の契約がそのまま継続した場合の1年間の売上金額
- 企業はこの収益を支えるための活動として投資が必要

Churn（解約・チャーン）

- 解約や減額（例：ダウングレード）により減少するサブスクリプション契約の売上

ACV（年間契約金額）

- 新規契約や増額（例：アップグレード）により増加するサブスクリプション契約の売上

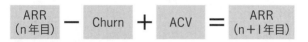

目）－Churn＋ACV＝ARR（n＋1年目）」があげられます（図18参照）。

ＡＲＲは年間の定期収入、Ｃｈｕｒｎは解約による収入減、ＡＣＶは新規契約やアップグレードによる新しい収入のことを指します。つまり、現在の年間の収益から、解約と新規契約を考慮して、来期の収益を予想し、投資計画を考えるということです。

この式を見ると、新規契約やアップグレードのみならず、解約防止が次の年の収入の維持・増加につながることがわかるでしょう。

次にこれらを用いた損益計算の例を見てみましょう（図19）。繰り返しになりますが、こちらは未来を見る損益計算だということを念頭においてください。

### ●ＡＲＲ（Annual Recurring Revenue：年間定期収益）

先ほど述べたように、サブスクリプション・ビジネスモデルの損益計算は、未来志向です。従来型の損益計算は、「今期は、これこれの収益があがった」という過去のことを示しますが、サブスクリプション・ビジネスの損益計算は、「来期は、これこれのＡＲＲ（年間定期収益）で始まる」という未来のことを示しています。

●Ｃｈｕｒｎ（チャーン）

すべての年間定期収益が順調に計上されるわけではありません。サービスに飽きて去っていく顧客や、競合他社がもっと安価で付加価値のあるサービス提供を開始し、乗り換えてしまう顧客もいるでしょう。

解約が発生する理由は、さまざまなものが考えられますが、「サービス開始が円滑に進まず、なかなかサービスのメリットを享受できない」「製品またはサービスの魅力が乏しくて、サービスを享受するメリットを感じられない」「一度サービスを開始したが、何もバージョンアップなどがなされずに、顧客が飽きてしまう」といったものがあげられます。

いずれの理由にせよ、解約は一定数あると考え、収益計算には考慮しなければなりません。

●リカーリング・コスト（Recurring Costs：定期コスト）

定期コストとは、ＡＲＲをあげるために、どれだけお金をかける予定なのかを示しています。すべての売上原価、一般管理費、研究開発費は、ＡＲＲを確保するために費やされるコストだということを示しています。従来型のビジネスでも、これらの金額は予算時に考慮されますので、算定は容易でしょう。

●リカーリング・プロフィット・マージン（Recurring Profit Margin：定期利益）

こちらは単純に定期収益から定期コストを差し引いたものです。本定期利益がプラスに転じていないのであれば、それればビジネスとして成り立っていないことになるので、留意してみるべき項目です。

●グロース・コスト（Growth Costs：成長コスト）

営業およびマーケティング費の考え方が、最も解釈の難しい項目です。サブスクリプション・ビジネスの損益計算では、営業およびマーケティング費用は、将来の収益を得るために費やされる費用であり、この資本の投資は、将来の新規顧客獲得や既存顧客の維持に費やされるコストです。これをグロース・コスト（成長コスト）と呼びます。

サブスクリプション・ビジネスの損益計算書例にある定期利益に着目してください。

## 図19
## サブスクリプション・ビジネスの損益計算書例

金額（日本円：百万円）

| | |
|---|---|
| 年間定期収益（ARR） | 1,000 |
| （予想）解約金額（Churn） | ▲50 |
| （予想）純年間定期収益（Net ARR） | 950 |
| （予定）定期コスト（Recurring Costs） | |
| 　　（予定）売上原価 | ▲250 |
| 　　（予定）一般管理費 | ▲100 |
| 　　（予定）研究開発費 | ▲200 |
| （予定）定期利益（Recurring Profit Margin） | 400 |
| （予定）営業およびマーケティング費（成長コスト） | ▲300 |
| （予定）純営業利益 | 100 |
| | |
| （予定）新規年間定期収益（ACV） | 300 |
| （予定）期末年間定期収益（Ending ARR） | 1,250 |

注：▲はマイナス

この意味は、成長コスト（営業およびマーケティング費）として、使っていいコストです。（予想）解約金額が、予想どおりであるならば、全額使っても将来の新規年間定期収益獲得につながるわけですから、利益のすべてを将来の成長のために使うことは理にかなっています。これは、営業利益をいかに確保するのかを考えている企業の発想とは、まったく異なっています。

このように、サブスクリプション・ビジネスでは固定的な収入が見込まれるため、その定期利益を次の成長に向けた投資に使うことを、営業利益を確保することよりも優先させることになります。このビジネスをマネジメントするうえで、この判断を誰がどのタイミングで行うかがポイントです。

従来型ビジネスのマーケティング費用は、新製品を出すとき、または売り上げを継続させる手段として、過去の実績を参考に事業部門が財務部門に前もって予算として申請することが一般的でした。しかし、サブスクリプション・ビジネスでは、顧客の利用状況や嗜好を即座に分析し、新サービスの提供や価格の改定を素早く実施し、それに応じたマーケティング施策を即座に行うことが求められます。そのために、マーケティングや事業、営業といった関連部門の意思統一、判断を行動に移せるしくみを検討する必要があります。

しかし、多くの企業ではさまざまな事情で簡単には移行できません。それができない場合、全体をコントロールできる意思決定体制を敷き、担当部門に投資予算を集約し、その時々で即座に投資し、定期収益をいかにあげるか、もしくはチャーンをいかに下げるかについての権限を持たせることが重要になります。また、その判断のためにも、サービスごとにこれまで以上に細かいデータを取得することが求められ、製品とサービスを紐づける特定の番号が必要になるなど、サブスクリプション・ビジネスは製品管理、契約管理のしくみもより複雑になってきます。これを考慮したシステム構成にすることも重要になるでしょう。

第4章

# サブスクリプション・ビジネスを支えるIT基盤

サブスクリプション・ビジネスで顧客にサービスを提供するには、（A）顧客の契約情報を管理し、その情報から請求情報を作成するための契約・請求基盤と、（B）サービスそのものを顧客に届けるサービス提供基盤、そして（C）そのサービスを迅速・効率的に開発し続けるサービス開発基盤が必要になります。また、これらを活用して顧客にサステナブル（持続的）かつ迅速にサービスを提供し続けることが重要になります。

## 1 契約・請求管理基盤は既存システムでは対応困難

### 多様化する課金タイプに対応できるか

サブスクリプション・ビジネスで重要なことの一つとして、顧客がどのようなサービスを求めているかを分析し、顧客が求めているサービス仕様で素早く提供することであることは、何度も述べてきました。

これを実現するための機能の一部として、プロダクト管理（商品管理）、契約管理、請求・回収、売り上げ計上があります。以降、これらの機能を備えたシステムをサブスクリプションシステムと呼びます。この中でも最も重要な機能が、柔軟なプロダクト管理と契約管理です。

プロダクト管理は、さまざまな課金形態の商品を柔軟に作成する役割が求められます。完全定額制だけでなく、一定量までは従量課金で以降は定額制といった、定額制と従量課金を組み合わせたようなさまざまなパターンも考えられます。課金タイプを大別すると、定額制、従量制、ある一定使用量までは定額であるが超過した場合には従量になる定額＋従量制、一定の使用量が複数存在する階段制、上限付きの従量制、使用量が増えると徐々に従量課金の単価が下がっていく変動型従量変更制などに区分されます（図20）。これは一般的なパターンであり、顧客の利用状況や嗜好にあわせて、これらのパターンをすぐ市場投入できなければなりません。

また、請求サイクルも月払い、四半期払い、年払いなどに柔軟に対応でき、期間の長い年払いはお得な価格で設定できるような機能も必要となるでしょう。

これらをＥＲＰパッケージシステムなど、既存の物流・販売管理システムで実現し

**図20 課金タイプ例**

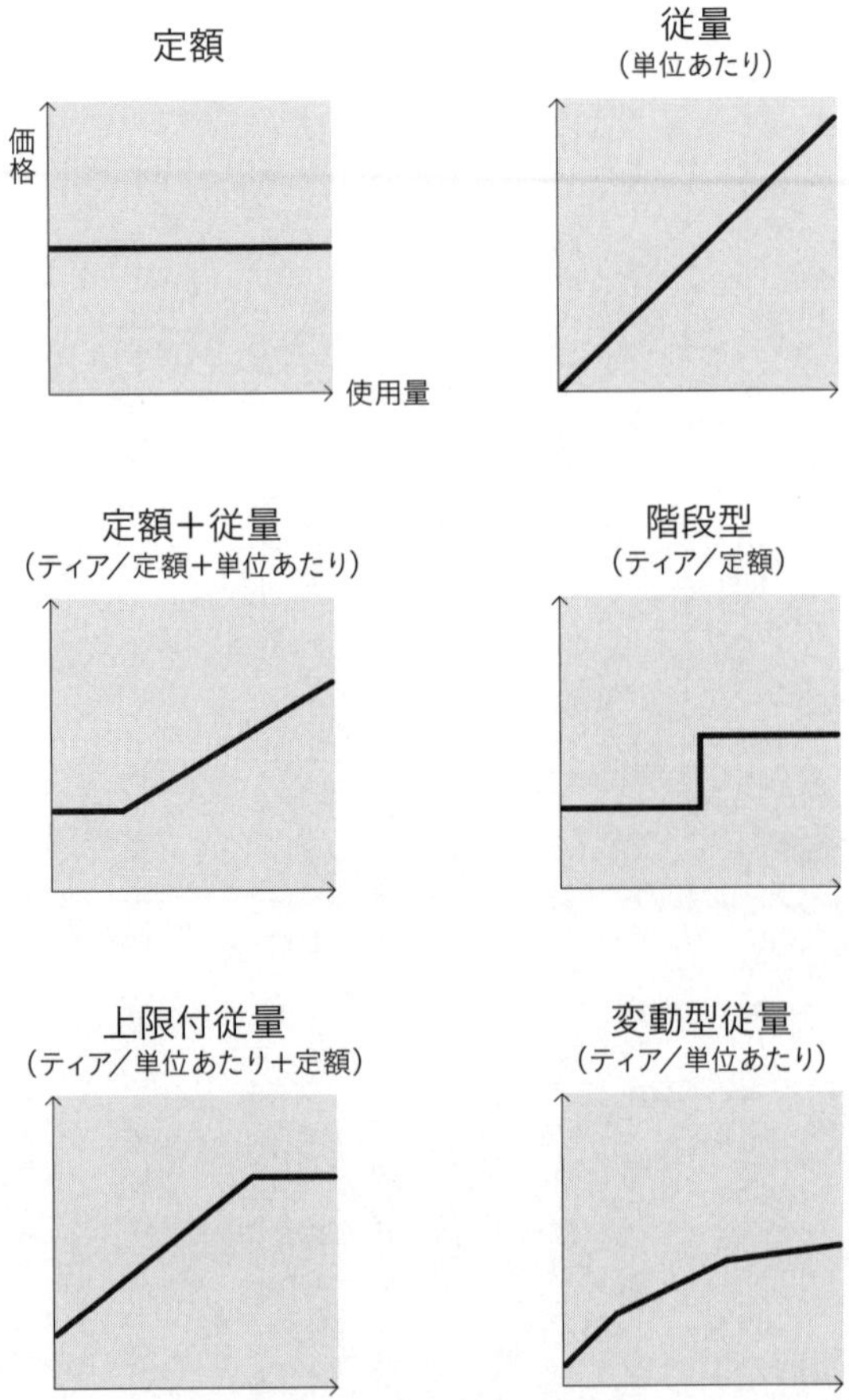
定額
価格
使用量
従量
(単位あたり)
定額＋従量
(ティア／定額＋単位あたり)
階段型
(ティア／定額)
上限付従量
(ティア／単位あたり＋定額)
変動型従量
(ティア／単位あたり)

ようとするとどうなるでしょうか。物流・販売管理システムには、通常、継続課金という考え方がありません。よって、最もシンプルな「定額制」を実現するだけでも、毎月注文を入力するなど、オペレーションが非常に煩雑になります。

## マスタの件数が飛躍的に増加

もし、ERPパッケージシステムを用いて実現するのであれば、契約管理のマスタを作成し、そのマスタを用いて毎月定期的に注文情報を作成するような追加開発が必要になるでしょう。

ましてや複数の課金制度を組み合わせたパターンになると、オペレーションはさらに複雑になり、単純な追加開発では実現できません。要件定義から設計・開発・テストを実施するとなると、本システム改修には数カ月を要することになり、対応している間に顧客の要望が変化してしまうといったことも発生しかねません。

プロダクト（製品）マスタの登録について考えてみましょう。同じサービスを、3カ月契約と6カ月契約、12カ月契約の3種類、支払いを月払いとまとめ一括払いの2種類で提供するとします。この場合、同一サービスで6パターンの契約パターンが存在することになります。そうなると、従来のＥＲＰパッケージシステムでは、おそらく6品目をプロダクトマスタに登録することになるはずです。

このようにサービスのパターンが増えると、プロダクトマスタの件数が大きく増加していくことになります。同時に、これらに対応するコード体系を定義しなければならず、プロダクトコードの採番方法も大幅に見直すことになるでしょう。

## 顧客の細かなニーズに対応する

契約管理については、顧客の要望にあわせて契約期間や状態を管理できなければなりません。サブスクリプション・ビジネスでは、ダウン／アップグレードやサービスの削除・追加、休止、再開・更新など、顧客の都合により、契約期間中にさまざまな変更が発生します。継続的な関係を築くには、顧客の望むタイミングでこのような変更を受け入れる必要があります。

既存のＥＲＰパッケージシステムなどを含む物流・販売管理システムでは、そもそも契約期間という考え方がないため、これらに迅速に対応することができず、顧客との関係構築に失敗する一因となりかねません。また、これらの顧客の契約状況の変更履歴を簡単な操作で追跡できることも必要になります。この情報を活用し、顧客の契約に関する行動を分析し、解約に至らないようにつなぎとめるアクションを取るためです。

請求データの作成処理や、売り上げ計上の認識を契約内容にあわせて実施することも、地味ではあるが、重要な機能です。顧客と12カ月契約を結んだとしても、請求は毎月起票し、毎月売上認識ができることが必須です。

このようにサブスクリプション・ビジネス成功のためには、既存のERPパッケージシステム等を含む物流・販売管理システムに代わる新システム、サブスクリプション・ビジネスに特化したシステムが必要となるのです。

## 専用のパッケージシステムの導入が効率的

ビジネスが小さいうちは表計算ソフトでも対応でき、マニュアル（人手）による既存ERPパッケージシステムへのインプットで対応できるかもしれません。また、システムを自社開発する選択肢もあるでしょう。

しかし、オペレーションのしくみづくりや、高負荷オペレーションの人力による実施、システム開発に時間を割いていては、顧客が望むサービスを素早く提供しなければならないこのビジネスでは成功できません。ビジネスを立ち上げ、加速させるには前述のような機能を備えたパッケージサブスクリプションシステムを導入する方が効果的・効率的です。そして、その分の時間を顧客のデータ分析に割くべきです。

代表的なサブスクリプションシステムは、プロダクト管理、契約管理、請求・回収管理、売上計上、そしてデータ分析機能を備えています。前述のようなプロダクト管理機能、契約管理機能に加えて、請求計算、税金計算、請求書作成機能、従量課金データの連携機能、決済代行との連携機能、クレジットカード会社システムとの連携機能、売上計上のための仕訳出力機能などを備えています。また、顧客との契約変更履歴の分析や、解約を防ぐためのレポート分析機能を持っています。

ちなみに、代表的なサブスクリプションシステムパッケージのズオラは、前述の機能をすべて備えており、さらにはプロダクトの課金形態への対応は多岐にわたっています。パッケージをリリースしてから今まで、毎月バージョンアップを行い、欧米の多くの企業のサブスクリプションシステムとして活用されてきています。「アドオン開発は可能なのですか」といった質問は、不要のものとなるのです。

## 図21　契約・請求管理基盤とその周辺基盤

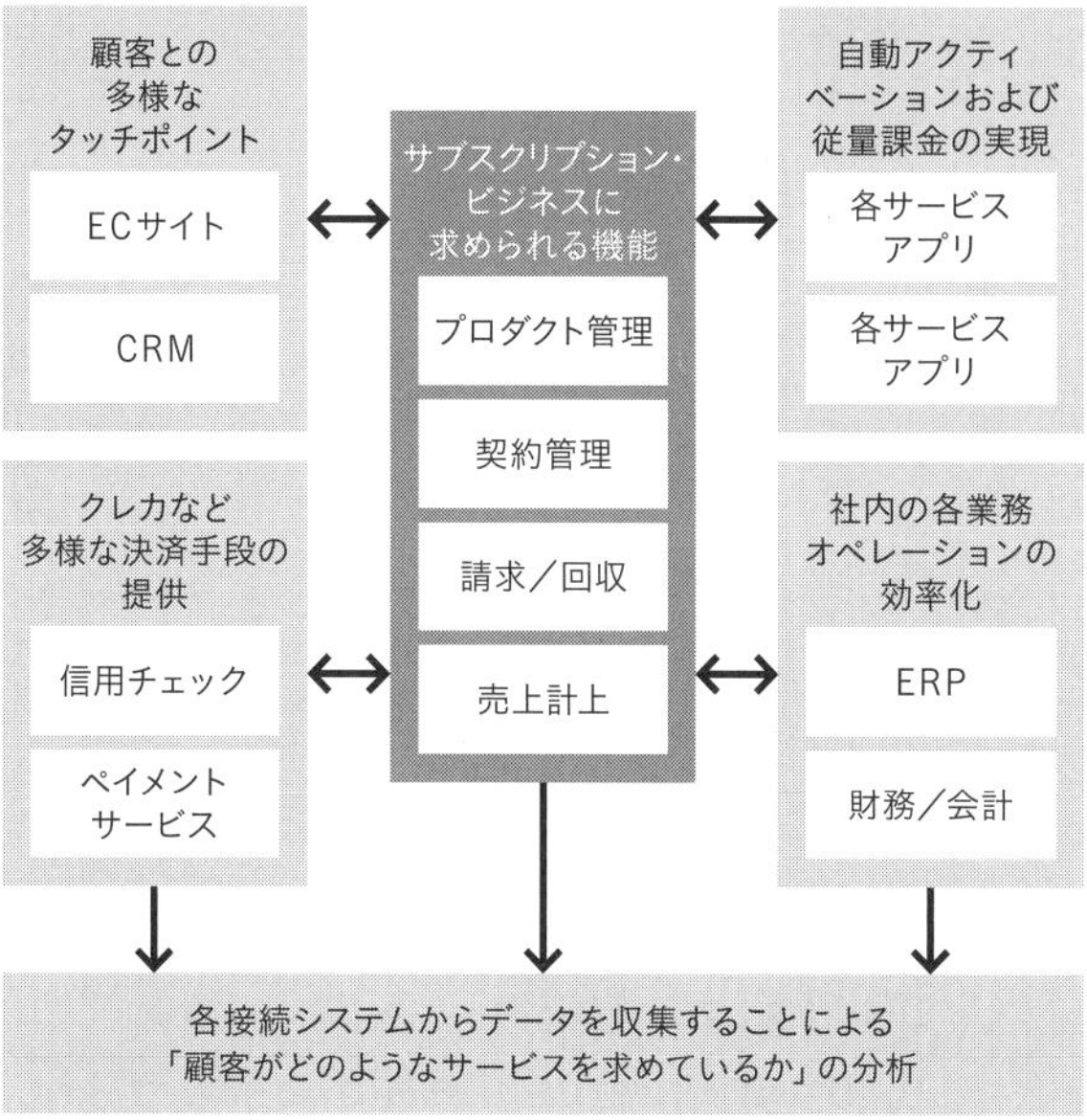
顧客との
多様な
タッチポイント
ECサイト
CRM
サブスクリプション・
ビジネスに
求められる機能
プロダクト管理
契約管理
請求／回収
売上計上
自動アクティ
ベーションおよび
従量課金の実現
各サービス
アプリ
各サービス
アプリ
クレカなど
多様な決済手段の
提供
信用チェック
ペイメント
サービス
社内の各業務
オペレーションの
効率化
ERP
財務／会計
各接続システムからデータを収集することによる
「顧客がどのようなサービスを求めているか」の分析

## 各システムとの相互連携が必要

サブスクリプション・ビジネス成功のカギである顧客の求めに応じた素早い対応と、顧客がどのようなサービスを欲しているかを分析するにはどうしたらよいか。それを実現するために必要な、各システムとの接続について説明していきましょう。

迅速に対応するには、まず、顧客との多様な接点を持つことが欠かせません。そのためには、EC（電子商取引）サイトやCRM（顧客情報管理）システムとサブスクリプションシステムを接続することが求められます。

特にB to Cビジネスの場合、ECサイトとの接続が必須といってよいでしょう。ECサイトでわかりやすい課金体系やサービス内容を提示できることに加えて、その情報をサブスクリプションシステムへ即座に連携できることが必要です。最近ではこのような連携をAPI（Application Programming Interface）を用いて、実装するケースが増えています。さまざまなSaaSアプリケーションがAPIによる標準接続口を持っています。APIの活用については後述します。

ECサイトを構築する際には、本サービスサイトにどのように導くかという導線の設計が重要となってきます。導線とは自社サイトの中で、どこをクリックしたら次のページへ移動し、最終的に何クリックしたら対象のページにたどり着けるのかということを意味します。

クリックすべき場所が下の方にありわかりづらいとか、５回クリックしないと目的のページにたどり着けない、といったことがあると、顧客の訪問件数が激減しかねません。本サービスを口コミで聞いたのに、どこにサービス申し込みページがあるのかわからず去ってしまう、というのは最も避けるべきことです。ビジネス効果を最大限に刈り取るためにも、サブスクリプション・ビジネスを始めることをきっかけに、自社サイト全体の導線設計をやり直すことも検討すべきでしょう。

自社サイトへの導線を多数作るというのも、顧客獲得に向けての一つの手段です。これには他企業と連携してサービスを提供することを検討して、他企業の顧客会員を自社サイトへ誘導することが考えられます。

ＢtoＢビジネスにおいては、ＣＲＭシステムとの連携は重要な要素となります。特にＣＲＭシステムの見積機能とサブスクリプションシステムのプロダクト管理機能との連携は必須です。ちなみに、ズオラはセールスフォースが提供するセールス・クラウド機能と連携する見積管理機能であるズオラＣＰＱを備えています。

## ビジネスのスピードを向上させる

サブスクリプション・ビジネスは、個々の顧客と直接取引するため、クレジットカードなど多様な決済手段を用意する必要があります。そのために決済を取り次ぐ外部のペイメントサービスプロバイダーとの接続も検討しなければなりません。ペイパル、GMO、アマゾン・ペイなどは読者のみなさんもどこかで利用したことがあるのではないでしょうか。この接続口を多数保持していることは、本ビジネスにとっては重要なことです。ちなみに、ズオラは30以上のペイメントサービスプロバイダーとの接続機能を保持しており、グローバルにサブスクリプション・ビジネスを展開する企業にとっては有効だと考えられます。

顧客の申し込み後、すぐにサービスを提供するためには、各アプリケーションと接続してサービスを有効化する必要があります。従量課金をするにはアプリとの接続も欠かせません。これらの接続はAPIを用いて実施することが有効です。他企業の製品を自社サイトで販売しているような場合には、このAPIを用いた自動アクティベート機能は、サービスを今すぐに始めたいという顧客にとっては大変有効な差別化要素になるでしょう。

そのほか、社内の各業務を効率化し、サービス提供の所要時間を短縮するためのＥＲＰパッケージシステムの会計機能との接続や、製品と組み合わせたサービスを提供する場合は物流・販売管理機能を持つＥＲＰパッケージシステムやレンタル管理システムとの接続が必要になります。これらの接続をシステム的に容易にするために、各パッケージは、連携のためのＡＰＩなどを用意しているので、これを活用するようにすべきでしょう。このように社内の各システムとの接続がビジネスのスピードを向上させるための大きな役割を担っています。

## データ分析基盤との接続

ここまでに述べた周辺システムとの連携に加えて、最も重要なのは顧客がどのようなサービスを求めているかを探るデータ分析基盤との接続です。すでに何度も述べたように、サブスクリプション・ビジネスでは顧客が何を望んでいるかを把握し、そのニーズにあうサービスを素早く提供することが肝要です。そのニーズを把握するには、各システムが持つデータを一元的に集め、分析する基盤が必要となります。

たとえば、ＣＲＭシステムには顧客や商談のデータ、サブスクリプションシステムには契約期間や課金情報などの契約データ、サービスアプリケーションには利用サービスや利用量などの従量データがあります。また、製品の販売と組み合わせてサービスを提供する場合は、製品ごとの売り上げや原価、出荷先などの情報がＥＲＰパッケージシステムなどの物流・販売管理システムに保持されています。最近ではこの分析にＡＩを活用するのも一つの打ち手となるでしょう。大量の顧客データがそろっている場合には、人間が思いつかない分析結果が出る可能性もあります。

これらの情報のどれを使い、どのように分析すれば、顧客の嗜好を正確に理解することができるかは、サービスの内容や特徴などによって異なります。だからこそ、さまざまな角度から分析できるしくみを構築することが重要です。サブスクリプション・ビジネスの開始時には、こうしたさまざまなデータを分析・可視化する基盤の導入や、各種のデータをマネジメントするためのガバナンスやルールの制定も必要になります。

ただし、すべてを最初からそろえるにはコストと時間がかかるので、徐々に実現すれば構いません。最初に必要なのは、最低限のデータ分析機能を持つサブスクリプションシステムを導入してしまうことです。それから、各種システムとの連携の実現優先順位を含めたシステムロードマップを描くのがよいでしょう。

## 「モノ」をともなう場合のＩＴ基盤

「モノ」をともなうサブスクリプション・ビジネスの実現には、ＥＲＰパッケージシステムはなくてはならないものです。従来型のビジネスである「モノ」の管理、すなわち購買管理、生産管理、販売管理、出荷管理、在庫管理などは、ＥＲＰパッケージシステムの中で管理されているからです。「モノ」を扱うのであれば、このしくみを使わないと、さまざまな部門が混乱をきたしてしまうでしょう。つまり、「モノ」の管理はＥＲＰパッケージシステム、サブスクリプションの管理はサブスクリプションシステムとなります。

しかし、分断したままでいいのかというと、そのようなわけにはいきません。次にあげるような論点を議論し、対応の方向性を決める必要があります。

一つ目は、顧客に提示する見積は、「モノ」とサブスクリプションと別々でいいのか、という点です。見積書を二つ提示してよいのであれば構わないのですが、一緒に出すべきだということであれば、次のような対策をすべきでしょう。たとえば、ＣＲＭシステムやＥＣサイト上で見積を行い、各システムにそれぞれ必要なデータを流すことが考えられます。

## 図22「モノ」のサブスクリプションのシステム論点

論点 1 (顧客視点で) 見積書の統合有無

論点 2 (顧客視点で) 請求書の統合有無

論点 3 「モノ」とサブスクリプションの統合分析の有無

二つ目は、顧客に提示する請求書です。こちらも見積書と同様に、分かれてよいのであれば問題ありませんが、同一請求書に明細として出力したいという要望がある場合には、実現方法を検討しなければなりません。同時に、ペイメントサービスとの連携で、請求に対する消し込みも、どのシステムで実現するのかを検討しておくべきです。

三つ目は、「モノ」の売上とサブスクリプションの売上をあわせてみて、顧客の動向を分析するのかどうかです。ある製品を購入した顧客が、あるサービスをよく購入しているなどの相関関係の分析をしたいのであれば、それらのデータをあわせた分析をしなければなりません。その場合には、それぞれのデータを同一データ基盤上に集約して分析をすべきでしょう。

ここで述べた三つの項目を、絶対にすべてを統合して管理すべきだ、といいたいわけではありません。統合して管理するのか、別々で構わないのか、むしろ別々の方が良いのか、などを検討して、決定すべきなのです。

## 2 顧客の自由度を最大化するサービス提供基盤の実現

サービス提供基盤には、申し込みを実施するＥＣサイトや、顧客の現時点の加入状況などが確認できる顧客情報サイトが含まれます。顧客の加入状況やサービス購入・変更履歴などが閲覧できる必要があるでしょう。また、ペイメントサービスなどの決済についての機能もここで提供されます。さらに、ここでは退会もできるようにする必要がありますが、退会の手続きがわかりづらい、少し悪質なサイトもあるようです。

スマートフォンなどのアプリケーションでサービスを提供することも多いでしょう。その場合には、そのアプリケーションが頻繁に更新され、追加料金の有無は別途検討する必要があるとしても、更新されたアプリケーションによる新規サービスが提供されることになります。顧客が新規サービスを自分で選択して、自由に使用可能になるようにすることが望ましいでしょう。

また、顧客の口コミサイトも重要です。それに加えて、顧客同士の議論ができるコミュニティが提供され、議論が活性化しているという状態があるとなおよいでしょう。インターネット社会の顧客は、口コミや他人の使用方法で参考になるものがあれば、自分でやってみたりするものだからです。これらのサイトとフェイスブックやインスタグラムなどの一般的に利用されているSNSとの連携を実施し、「バズ」る仕掛けを設計しておくことも、ビジネス拡大の一翼を担うでしょう。

## 3 顧客に素早くサービスを提供し続けるサービス開発基盤

図16と図17で見てきたように、ビジネス要求とIT部門のキャパシティのギャップは広がる一方です。これを少しでも埋めるような努力をしなければ、サステナブル（持

### 図23 デジタル・プラットフォームの要件

**サブスクリプション・ビジネスに必要なサービス開発基盤の要件**

1. 素早くサービスを開発できる
2. 必要に応じて、他社のサービス・情報を容易に活用できる
3. IoT情報などの新規情報だけでなく、既存社内情報を容易に抽出できる
4. プラットフォームを活用する組織・プロセスが存在する

続可能）なサブスクリプション・ビジネスは実現しません。このギャップを埋めるためには、次の3つが重要になります。

① アジャイル開発の実施と、開発における付加価値を生まない作業を極力排除すること

② 自社・他社にかかわらず、すでに開発されている開発物を有効活用すること

③ レガシーなシステム（古い言語やアーキテクチャーを持つシステム）にあるデータやプログラムを容易に活用できるように構造変更

すること

これらは、いわゆるデジタル・プラットフォームと呼ばれる基盤に含まれる要素です。また、この基盤を使いこなすには、適切なスキルと考え方を持った組織・プロセスが必要となります。以下、これらについて説明していきましょう。

## アジャイル開発についての誤解

今までは要件定義をまとめ、外部に委託、見積を取得し、内部稟議《りんぎ》、開発着手、開発検収、テストといった手順で取り組んできました。これをウォーターフォール（滝）型の開発と呼んでいます。これを軽微なアプリであれば社内人員で3～5日で改変できるアジャイル型の開発体制に変革する必要があります。

サブスクリプション・ビジネスを継続するためには、顧客の要望などの分析を行い、提供するサービスを改善し続けることが重要だということは何度も本書で述べたとおりです。この取り組みは、絶対的な正解がない中で顧客要求に着目し、柔軟に変化しながら走り続けることができるかということを意味します。

このサービスを提供するアプリケーションの開発も同様で、何度も挑戦し、修正点があれば改善を繰り返すことが重要です。だからこそ、従来のウォーターフォール型の開発ではなく、アジャイル型の開発を実施する必要があるのです。

アジャイル開発というと、「設計ドキュメントを作成しなくてよい」「仕様変更はいつまでも受け入れられる」といった間違った印象を抱いている人がまだまだ日本には多いようです。図24としてアジャイル開発の思想である「アジャイルソフトウェア開発宣言（Manifesto for Agile Software Development）」を紹介しましょう。

また、この宣言の背景にある12の原則は、以下のとおりです。

【アジャイル宣言の背景にある原則】

私たちはこれらの原則に従う：

- 顧客満足を最優先し、価値のあるソフトウェアを早く継続的に提供します。
- 要求の変更はたとえ開発の後期であっても歓迎します。変化を味方につけることによって、ユーザーの競争力を引き上げます。

## 図24 アジャイルソフトウェア開発宣言

私たちは、ソフトウェア開発の
実践あるいは実践の手助けをする活動を通じて、
よりよい開発方法を見つけだそうとしている。
この活動を通して、私たちは以下の価値に至った。

　**個人と対話**を、プロセスやツールよりも
　**動くソフトウェア**を、包括的なドキュメントよりも
　**顧客との協調**を、契約交渉よりも
　**変化への対応**を、計画に従うことよりも

価値とする。すなわち、
左記のことがらに価値があることを認めながらも、
私たちは右記のことがらにより価値をおく。

| | | |
|---|---|---|
| Kent Beck | James Grenning | Robert C.Martin |
| Mile Beedle | Jim Highsmith | Steve Mellor |
| Arie van Bennekum | Andrew Hunt | Ken Schwaber |
| Alistair Cockburn | Ron Jeffries | Jeff Sutherland |
| Ward Cunningham | Jon Kern | Dave Thomas |
| Martin Fowler | Brian Marick | |

©2001, 上記の著者たち
この宣言は、この注意書きを含めた形で全文を含めることを条件に
自由にコピーしてよい。

※英文での参照：http://agilemanifesto.org/

- 動くソフトウェアを、2－3週間から2－3カ月というできるだけ短い時間間隔でリリースします。
- ビジネス側の人と開発者は、プロジェクトを通して日々一緒に働かなければなりません。
- 意欲に満ちた人々を集めてプロジェクトを構成します。環境と支援を与え仕事が無事終わるまで彼らを信頼します。
- 情報を伝える最も効率的で効果的な方法はフェイス・トゥ・フェイスで話をすることです。
- 動くソフトウェアこそが進捗の最も重要な尺度です。
- アジャイルプロセスは持続可能な開発を促進します。一定のペースを継続的に維持できるようにしなければなりません。
- 技術的卓越性と優れた設計に対する不断の注意が機敏さを高めます。
- シンプルさ（ムダなく作れる量を最大限にすること）が本質です。
- 最良のアーキテクチャー・要求・設計は、自己組織的なチームから生み出されます。
- チームがもっと効率を高めることができるかを定期的に振り返り、それに基づいて自分たちのやり方を最適に調整します。

これらの原則の一つが欠けても完璧なアジャイル開発ではありません。これらの一部を聞きかじって、間違った進め方をしているアジャイル開発プロジェクトは散見されます。ウォーターフォール型の開発プロセスの手続きが簡略化できるプロセスということではなく、より顧客視点に立った開発プロセスであるということを認識する必要があるでしょう。

世界的に見るとアジャイル開発プロセスを用いたプロジェクトはかなり増えてきています。日本のようにシステム開発を外部に委託する文化を持つ国では、なかなか広がりませんが、企業の内部にＩＴ開発組織を持つことが多い米国、デンマークなどでは比較的浸透しやすい環境が整っているといえます。

各企業がアジャイル開発プロセスを導入した目的としては、「タイムリーに市場投入したい」「生産性を向上したい」「顧客のユーザビリティを即座に改修したい」などがあげられ、サブスクリプション・ビジネスが求めている開発プロセスとしては有効です。

一方、この開発プロセスを推進するためには、ビジネスを巻き込んだ開発プロジェクト体制の構築、外部に委託するのではなく内製化して開発を実施するIT組織の整備など、実現に向けた障壁には大きいものがあります。しかし、アジャイル開発プロセスの導入は、サブスクリプション・ビジネスのためのアプリケーション開発の目的に合致しているのですから、ぜひとも取り組むべきでしょう。

## アジャイル開発に適した開発基盤の導入

アジャイル開発を推進するためには、今までと異なる開発基盤が必要になります。詳細は割愛しますが、重要なポイントは、開発者がさまざまな手続きに時間をかけることなく、開発作業そのものに専念できることになります。そのためのテスト自動化ツールや、コミュニケーションを円滑化するツール、また開発物全体を統合的に管理できるしくみなどは必須となります。

このような開発基盤は、アマゾンやグーグルなどのITジャイアントからも提供されていますし、レッドハット社を買収したIBMも提案しています。また、オープンソースのソフトウェアで実現している企業もあります。このように、アジャイル開発の方法論を理解するだけでなく、最新の開発基盤を用いて、システム開発のスピードを上げて、顧客へのサービス改善を素早く実施することが重要になります。

## アジャイル開発を実現できるＩＴ人材育成を

サブスクリプション・ビジネス実現に向けて、システム開発上、どのようなことに留意すべきでしょうか。契約管理や請求管理、他システムとの連携も欠かせませんが、顧客接点となるシステムの開発体制も重要になります。ここでは、その開発体制に関してご説明しましょう。

代表的な顧客接点はスマートフォン上などでサービスを提供するアプリで、迅速に開発・更新をする必要があります。そのための開発基盤と開発体制を整えることは、本来ならばＩＴ部門に求められることです。しかし、先にも述べたとおり、日本企業は米国企業に比べてＩＴ投資がバックオフィス業務を支えるＥＲＰパッケージシステムなどの基幹系システムに偏っており、顧客接点の向上に向けた投資は少ないといえます。

２０２５年までにＳＡＰの基幹システム刷新が求められている昨今では、企業の

ＩＴ投資はさらにこの傾向が強まっています。今後、他国の企業に負けないためにも、顧客接点向上に向けたＩＴ投資を増加すべきでしょう。

一方、基幹システムのＳａａＳ化が進み、社内システムを運用・保守してきたＩＴ部門の人員に余剰感が出ており、その傾向は今後もさらに強まると想定されます。すでにＩＴ部門の人員活用に向けて、頭を悩ませている最高情報責任者（ＣＩＯ）やＩＴ部長も多いのではないでしょうか。

これらを踏まえ、ＩＴ部門に必要なことは社内システムを運用・保守してきた人員を顧客接点向上のためのアプリケーション開発に転換させることです。最低限の機能で始めて柔軟・迅速に対応していくアジャイル開発手法を体現するとともに、開発を内製化できるようにすることが求められます。つまり、前述したサービス開発基盤を使いこなせる人材をそろえる、もしくは育成することが欠かせないのです。

それにはプログラミングやテストの技術を身につけ、アジャイル開発方法論の理解と実践が必要となるのですが、それだけでなく、ＩＴ部門の評価制度の改革と開発文化の変革も求められます。これには人事部門の巻き込みが必須になるでしょう。

これまで日本企業で、ＩＴ部門のスタッフに求められている能力は、開発などを実施する開発ベンダーを上手にマネジメントすることでした。そして大手システムインテグレーターのほとんどが、同様にプロジェクトマネジメント力を重視した人材育成を行ってきました。そして、実際に開発を行うエンジニアは下請けと呼ばれて、それほど厚遇されてこなかったのが実状です。

欧米ではエンジニアが地位を高め、業務要件からＩＴのアーキテクチャーまでを理解し、自身でプログラミングもできる人材がたくさん育ってきています。ビジネスの変化が大きい今、従来型のプロジェクトマネジメント重視の人材が厚遇されるべきかどうかは疑問です。

欧米企業に負けないためにも、ＩＴアーキテクチャーやプログラミングを理解したエンジニアをビジネスの主戦場に駆り出すような施策が必要なのではないでしょうか。日本企業のＩＴ部門と大手システムインテグレーターは、自分たちの役割を変えるときが来ているのではないかと考えられます。

# 4 APIマネジメントの導入

## 自社・他社のすでに開発した開発物の有効活用

前述したように、ビジネス部門の要求の増加に対して、IT開発リソースの不足が広がってきています。開発手法をウォーターフォールから、アジャイルに変更したからといって、十分にビジネス部門の要求にこたえられるようになるとは限らないでしょう。このような状況下では、ありものを上手に活用して新機能を開発し、新サービスを立ち上げることが必要になります。これを実現する手法として着目されているのがAPIです。

APIは長年ソフトウェア機能を呼び出すために利用されてきました。しかし昨今では、APIを公開する、または公開されているAPIを活用することにより、ビジネス創出の起爆剤としての利用が始まっています。事例としてよく取り上げられるのが、ウーバーです。同社は他社が提供するAPIを活用してビジネスを迅速に立ち上げています。

公開されているＡＰＩの数も２００９年には１５００個程度だったものが、２０１２年には、５０００個を超え、２０１８年には、１万９０００個を超えています。現在では２００００個を超えていると思われます。ＡＰＩを「使いこなし」「使いこなされ」ながら、共創する時代に入ったといえるでしょう。

## 企業間の連携にも貢献

ＡＰＩは自社内でのシステム間の連携にとどまらず、企業間での連携に貢献しています。ある自動車メーカーとディーラーのシステム連携では、顧客情報や発注情報を、ＡＰＩを用いて随時連携して、データの二重登録などの無駄な作業を省き、業務の効率化を実現しました。また、顧客の情報と企業内の状況が一元管理されることで、顧客へのサービスレベルが向上しています。

また、あるＩｏＴ機器メーカーでは、機器から収集されたデータの統計情報をＡＰＩ提供する事業を展開し、機器の製造・販売以外の新規ビジネスの立ち上げに成功しています。このように、ＡＰＩは単にシステム開発の効率を上げるだけでなく、新しいビジネスを創り出すキードライバーになっているといえるでしょう。

「モノ」とサービスを用いて複数企業で連携したサービスを考えてみましょう。

「車でドライブに出かけたいときに、これまでの移動履歴からお薦めの旅行先とその周辺の観光名所が提示される。また、ナビゲーションで目的地を設定すると、目的地に駐車場がない場合には、周りの駐車場の空き状況を把握し、駐車場の予約ができる。さらには、顧客の行動履歴から目的地周辺のレストランが好みに応じて表示され、混雑状況の通知や、ときには予約までしてくれる」

これは、車における「移動できる」というサービスを提供しているだけでなく、休日のドライブでの過ごし方をサービスとして提供しているといえるでしょう。これらの一つひとつは、すでに有料、無料にかかわらず提供されているサービスです。これらを組み合わせて、新しい顧客体験を提示できれば、それは新サービス、しかも、サブスクリプション・ビジネスとして成り立つと考えられます。

残念ながら、昨今では従来のビジネスモデルが成り立たなくなり、衰退産業と呼ばれている業界も出てきています。そのような業界では、他業界と連携することで新規のサービスを模索するのも、生き残りをかける一手となるのではないでしょうか。企業間の共創が、新しいサブスクリプション・ビジネスを創り出すかもしれないといった考えを持つことは今後のビジネス拡大に必須なのではないでしょうか。

このような連携を実現するためには、各社のAPIを連携することが必要になります。APIのようなシステム連携基盤を持つことは重要な打ち手になりえます。

## APIをきちんとマネジメントする

他社と共創を実現するためには、APIをきちんとマネジメントすることが重要です。マネジメントするとは、現在、自社のAPIがどれだけあり、どのくらい他社に使われていて、かつバージョンアップがいつ実施される予定なのかなどを把握することです。

APIもソフトウェアという「モノ」と考えるとわかりやすいでしょう。製品ライフサイクルと同じように、APIのライフサイクルを管理すると考えればよいのです。

製品戦略を考えるようにAPI活用戦略を練り、商品企画を実施するようにAPIの企画を行い、製品を開発するようにAPIを開発する。そして、製品の市場投入を実施するようにAPIを公開し、製品が多く販売されるようにAPIが他社から使われる。そして、最終的には、あまり売れなくなった製品と同じように使われなくなったＡＰＩは衰退する——この一連の流れをマネジメントすることが重要なのです。

製品と一つ大きく違うことは、製品ライフサイクルは1年、携帯電話機器など早いものでも四半期に一度ですが、ＡＰＩのライフサイクルは、それに比して圧倒的に短いということです。

ＡＰＩをマネジメントするうえで必要な機能をご説明しましょう。まずは、「ＡＰＩポータル」です。自社・他社の開発者から「発見されやすく」「理解されやすい」ＡＰＩを公開する場所のことです。

次に、「ＡＰＩゲートウェイ」です。ＡＰＩ経由で公開した機能を活用した共創相手のサービス提供を阻害しないように、ＡＰＩへの安定的なアクセスを実現します。また、ＡＰＩ公開によるセキュリティリスクを回避するために、外部からのアクセスを集約し、内部のシステムを直接公開することなく、セキュリティが確保された状態でアクセスを実現します。

最後に、「ＡＰＩマネジメント」です。エコシステム内でのＡＰＩの価値を継続的に向上するために、使用状況をモニタリング、分析するしくみを実現します。ＡＰＩを

## 図25 APIマネジメント全体像

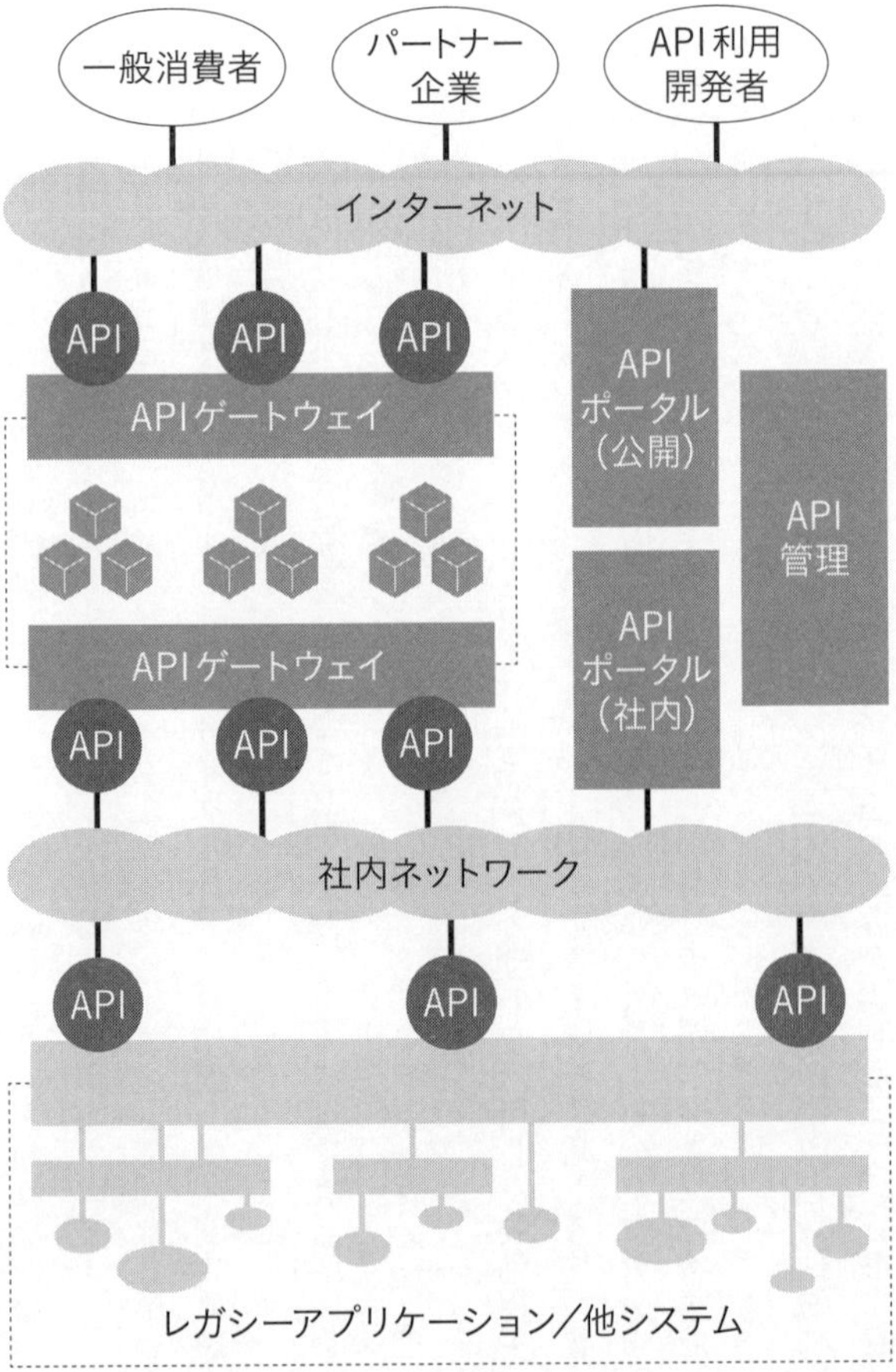

活用することを検討するのであれば、これらの機能を備えたAPIマネジメントシステムを導入することが望ましいでしょう。

# 5 レガシーシステムのモダナイゼーション

この項目はかなりシステム寄りの話になるので、詳細よりも実現したいことを理解していただければと思います。

多くの日本企業は、長い時間をかけて構築されてきた巨大、かつ機能がお互いに複雑に絡み合ったレガシーシステムを抱えています。それにより、次のような弊害が出ています。

- AIやIoTなどを活用した新規ビジネスを立ち上げたいが、メインフレームなどの古い基幹系システムが足枷《あしかせ》になっている

●システムが肥大化、複雑化、ブラックボックス化し、ビジネス部門の変更要求に十分にこたえられない、もしくは、こたえるのに多くの時間がかかってしまう
●データがさまざまなシステムや部門に散在して整理されておらず、データの利活用や連携が十分にできない
●既存システムの保守・運用に多くのリソースとコストが割かれ、新たなデジタル技術の導入に投資できない

これらは、デジタル・トランスフォーメーションを推進するうえでの課題ととらえられていますが、サブスクリプション・ビジネスを実現するうえでも課題となります。たとえば、このようなシステムに格納されている顧客データを即座に活用しようとしても、抽出することすら難しく、効率的な顧客分析ができない、といったことが起こるのです。

このような課題を抱えるレガシーシステムに対しては、モダナイゼーションを実施すべきです。本書ではくわしい解説は省きますが、モダナイゼーションとは、現在稼働しているレガシーシステムのプログラムやデータなどのＩＴ資産を活かしながら、

**図26**
**サブスクリプション・ビジネス実現のための**
**デジタル・プラットフォーム**

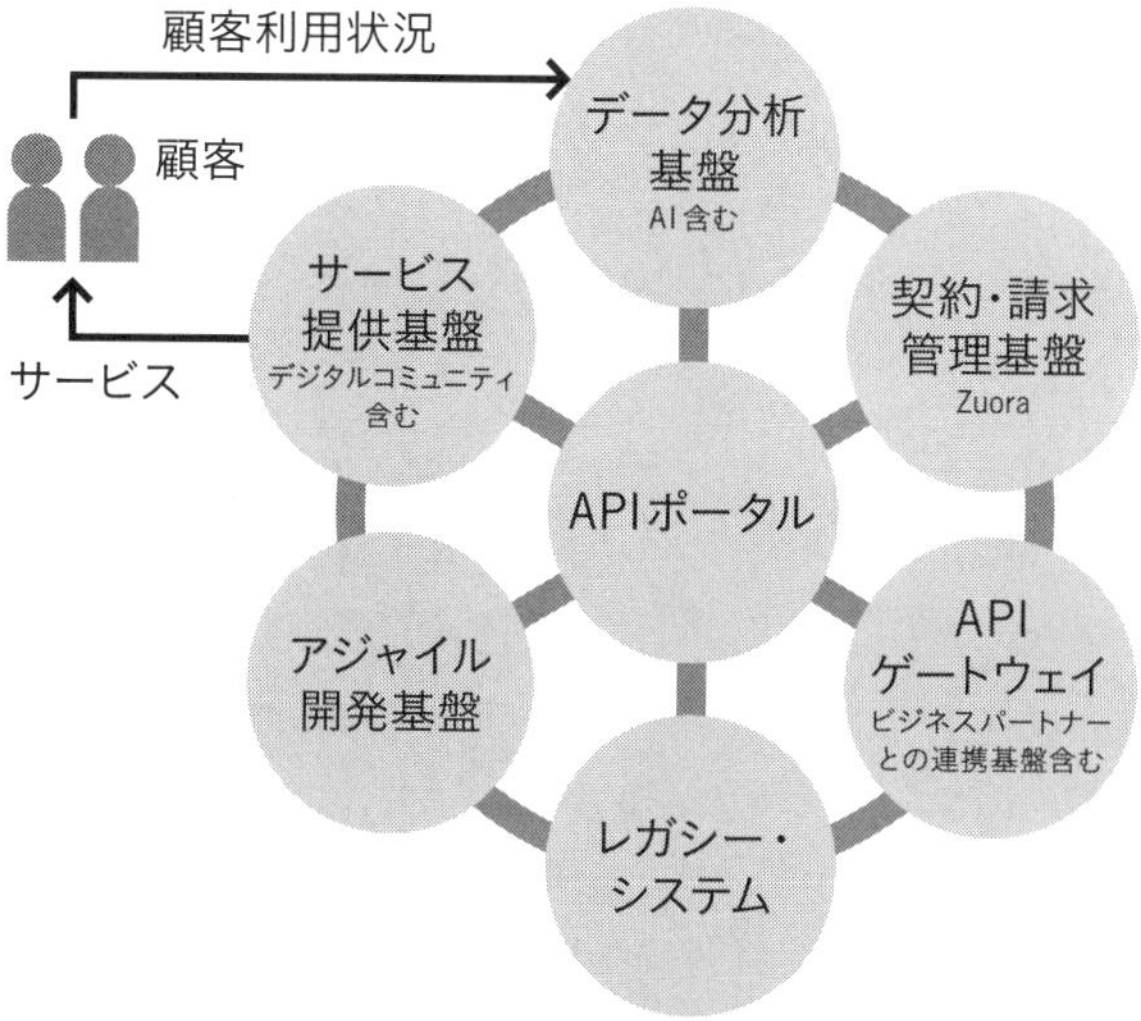

これらの資産をさまざまな手法で最新の技術や環境に適したシステムに変革することを指します。

モダナイゼーションの活動の中では、複雑に絡み合ったシステムを機能ごとに細分化し、再利用可能にすることも重要です。細分化された機能をアジャイル開発基盤で開発し、開発されたプログラムをAPIマネジメント基盤で管理できるようにしておけば、変動するビジネス変革に追従できるのではないでしょうか。

これまで述べてきたすべてを実現すると、顧客に素早くサービスを提供し続けるサービス開発基盤が整ったことになります。一度に全体を変革するのは無理だとしても、少しずつでも着手しないと、サステナブルなサブスクリプション・ビジネスの実現はおぼつかないでしょう。

第5章

# 変革プロジェクトの推進手順

# 1 典型的な二つのケース

ここでは、実際にサブスクリプション・ビジネスモデルへの変革を目的としたプロジェクトを立ち上げるとしたら、どのように推進すべきかを述べていきます。サブスクリプション・ビジネスモデルへの変革プロジェクトといっても、企業により目的はさまざまであり、スコープや進め方は状況によって異なります。

事例として筆者が経験しているプロジェクトケースをあげると、次のようなものがあります。

●サブスクリプション・ビジネスモデルを想定した新規事業の構想策定とそのゴー・トゥー・マーケット（Go to Market：市場投入）までの全体の進め方について広範な論点の検討に取り組むケース

●サブスクリプション・ビジネスモデルの市場性や、競合他社の動向、海外における

同ビジネスモデルの動向を調査したいというスタディに近いケース

●サブスクリプション・ビジネスモデルをすでに採用している場合のオペレーションの効率化や管理基盤の検討など、部分的な改革に焦点をあてるケース

●経営管理の視点から、サブスクリプション・ビジネスモデルを採用した場合の組織構成や役割・ミッションを再定義し、そのＫＰＩ（Key Performance Indicator：重要業績評価指標）を定めることをゴールとするケース

このようにプロジェクトケースはさまざまありますが、以降では、筆者のプロジェクトの知見から、二つの典型的なプロジェクトケースとそのアプローチ（進め方）をご紹介しましょう。

一つ目は、①新規事業の立ち上げからサービスの市場投入までの全工程について検討が必要な状況を考慮した「サブスクリプション・ビジネスモデルによる新規事業構想策定からオペレーション設計・ＩＴ基盤設計、および実現化」のプロジェクトケース。

二つ目は、②すでにサブスクリプション・ビジネスモデルでの事業運営を開始して

いて「業務・IT再設計による業務効率化・生産性向上と現場への落とし込み」を重視したプロジェクトケースです。

それぞれの会社が置かれている環境と、サブスクリプション・ビジネスモデル変革に関する準備状況などによって、検討スケジュールや論点は変わってきます。本章の内容をサブスクリプション・ビジネスモデルに関するプロジェクトを推進する場合の一つの参考にしていただければと思います。また、プロジェクト推進時に検討するであろうコンサルティング会社など外部事業者からの提案を評価する場合にも参考になるでしょう。

## 2 新規事業構想を策定する

### 全体のプロジェクトアプローチ

最初に、「モノ」をともなうサブスクリプション・ビジネスを検討している日本の製造業（目指すサービスの中にハードウェア・デバイスが含まれる）を想定したアプローチを取り上げます。

通常、このパターンのプロジェクトにおいては、プロジェクトに必要なケイパビリティ（必要能力）が非常に広範なものとなります。

市場・競合調査、ビジネスモデル、自社サービスの強み弱みの把握、顧客体験・提供価値の検討、サービス仕様の策定、事業ポテンシャルの算出、投資・費用を踏まえたコスト算出、最終的な事業計画の損益シミュレーションといった事業企画に該当する事項と、サブスクリプション・ビジネスモデルに対応したオペレーションの設計、ＩＴ基盤の設計・開発、販売・マーケティングプロモーション方法の検討、実際の運営に関する事項など、多岐にわたる諸論点を総合的に扱います。特に、経営層・経営幹部を説得することを視野に入れたビジネスの訴求ポイントの明確化とドキュメンテーションは、事業企画を行うフェーズにおいては、大変重要です。

このようなプロジェクトでは、全体スケジュールを、事業の骨子を定める「構想策定フェーズ」とサービス開始までを検討する「実行フェーズ」の二つに分けてプロジェクトを推進するのがよいでしょう。筆者たちの経験上では、前半の「構想策定フェーズ」は4カ月程度、後半の「実行フェーズ」は6カ月から8カ月程度といったところです。

前半の「構想策定フェーズ」は、当該事業のリーダー（サービス仕様と収支に責任を負う実務的なリーダーの方）と少数のプロジェクトメンバーが中心になって推進します。事業の骨子が定まるまでは、人数を絞った方が集中的に、かつ効率的に議論が進められるからです。また、既存の主力事業の影響をあまり受けない人をリーダーとした方がよいでしょう。これは、既存の事業の事情を忖度しつつ進めるといったことを避けるためです。

## 「構想策定フェーズ」の重要ポイント

「構想策定フェーズ」の最重要ポイントが、新規事業についての報告会です。このタイミングで、キーパーソンとなる経営幹部や関係部門のマネジャーに対して十分に内容を伝え、なぜサブスクリプション・ビジネスとすべきなのかの理解を得ることで、「実行フェーズ」に関係者を巻き込めるかどうかが決まるからです。

「構想策定フェーズ」では次に示すような事項を実施します。

- 初期市場調査・事業の方向性検討
- サービス仕様の検討
- 市場・顧客調査（サービス仕様を検証する）
- 事業ポテンシャル算定
- オペレーションの方向性検討
- ソリューションの方向性検討
- 事業計画のまとめ

以下、これらの詳細について述べていきます。

## 市場調査を行い、自社の分析を行う

この検討においては、パブリックな公開情報などを活用し、市場動向・競合動向を調査します。同時に、製品・サービスの開発計画やデジタルテクノロジーに関する能力などの自社のケイパビリティを明確化し、顧客への提供価値を定義したサブスクリプション・ビジネスモデルの初期案を検討します。

**図27**
**新規事業構想策定からサービス市場投入までのプロジェクト**

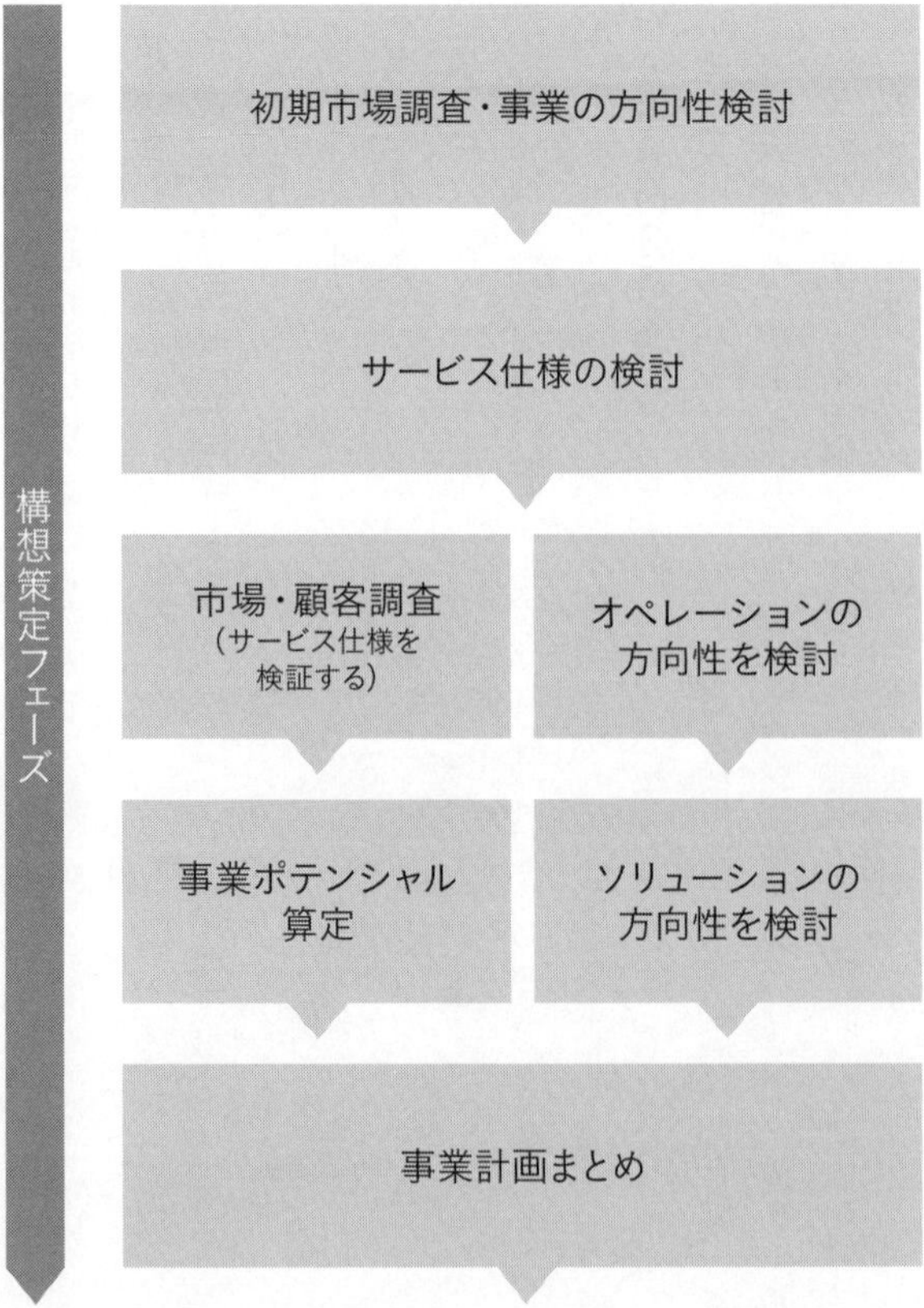

初期の市場調査においては、参入を検討している当該業界の市場規模、成長性、課題やニーズ、業界構造、活用されているテクノロジートレンド、想定ターゲット顧客とその特性、想定顧客の望むであろうサービス、そして、他社のサブスクリプション・ビジネスに関する取り組み状況を調査します。

自社に関する分析も重要です。製品・サービスだけではなくブランドイメージなども含めた自社の強み、取引先（販売チャネル、調達先）との関係性、自社製品・サービスと競合となりうる製品・サービスの特性や強み・弱みなどの分析です。これは、自社がサービス展開した場合に差別化できるのかといった点を検討するために必要になります。

また、自社の製品開発・サービス開発の進捗状況をしっかりと確認しておくことも欠かせません。製品やサービス開発のロードマップ・仕様の制約をしっかり考慮しておかないと、ビジネスモデルが絵に描いた餅となることも容易に起こりうるからです。たとえば、従量課金型のサービスを提供したいが、そもそものサービス提供基盤の開発が間に合わないといったケースです。

加えて、サービス化を検討するにあたって、自社の資本提携・業務提携の動向、自社の経営上絶対に譲れないタブーや進行中のプロジェクトとの整合性などを把握しておくことも大切です。たとえば、経営層を中心として進めているような戦略的な提携計画を押さえていないと、プロジェクトチームが考案した新規事業案が覆ってしまうことがありうるからです。

このような調査・検討を土台として、自社が取りうる・取るべきビジネスモデルの初期案を検討することになります。

## ビジネスモデルの検討

ビジネスモデルの検討では、関連するステークホルダーの構成、顧客の課題と解決するサービス、顧客への提供価値を検討するとともに、集客方法、収益の源泉などを検討します。先の事例で示したように、サブスクリプション・ビジネス自体で儲けなくても、そのビジネスがきっかけとなって既存事業で儲ける仕組みができればよいという考え方もあります。

このような検討の結果は、ひと目で理解できるように図表化し、関連するステークホルダーとその取引関係（物流、商流、情報流）をわかりやすく示しておくことが重要です。この図表が、自社内、もしくは協業する代理店・販売店などへの説明資料となるからです。

ビジネスモデルの検討で特に重要なのは、顧客に対する提供価値の議論です。サブスクリプション・ビジネスモデルにすること自体が目的化しないように留意する必要があります。サブスクリプション・ビジネスモデルは、あくまでも顧客に対して価値提供をするための「How」なのです。この点を間違えると、すぐに継続課金型サービスのプロダクトアウトなビジネス検討になってしまいます。検討した新規事業が顧客にとって価値があるものかどうかを確認しながら事業の方向性を検討すべきでしょう。

ここまで述べてきた事業の方向性検討は、サブスクリプション・ビジネスモデルだからといって、アプローチや論点が通常の新規事業構想と大きく異なってくるわけではありません。すでに述べたとおり、むしろ新規事業構想だと強く認識して、腹をくくって推進すべきです。

一方、この後示すサービス仕様の検討では、サブスクリプション・ビジネスモデルに特化した、具体的で一段踏み込んだ知見が求められます。

## 3　サービスの仕様を考え、市場性を検討する

### サービス仕様の検討

事業のサービス開始に向けては、「サービス仕様」の検討が非常に重要となります。製造業のような「モノ」を扱っている方々にとっては、「サービス仕様」という言葉自体があまり聞きなれないものかもしれません。伝統的にエンドユーザー・契約者に対して、定期的な課金を行ってきた産業（通信・メディア・他ユーティリティなどのインフラ産業、最近ではＳａａＳなどのＩＴ事業者）ではよく使われる用語です。サービス仕様という言葉でシンプルな料金仕様だけの記述にとどまってしまっていることがほとんどです。

本書で言う「サービス仕様」とは、前述の事業構想やビジネスモデルを踏まえ、かつオペレーション・ＩＴ基盤のフィージビリティ（実行可能性）も勘案したうえで、サービスの定義づけを行う作業です。いい換えると、このサービス仕様の検討はビジ

ネスモデルの狙いとオペレーション・IT基盤といった実行面をつなぐ要《かなめ》であり、このサービス仕様の検討がサービスの市場投入の成否を握るといっても過言ではありません。

それでは、サービス仕様とは具体的にどのようなものでしょうか。端的にいえば、当該サービスの内容を網羅的に定義した資料となります。代表的なサービス仕様の項目例を次に示してみます。

●サービス関連事項：サービス提供方法（ハードウェアは売り切りでサービスを継続課金とする、もしくは全体をサブスクリプション化するなど）、料金プラン、オプション、付属品、契約形態、サービスレベル、物販、プロダクト仕様（デバイス・アプリ・OS・APIの仕様、製品開発ロードマップなど）など

●顧客に関する事項：顧客像、顧客の課題・ニーズ、顧客への提供価値、カスタマージャーニー（対面チャネル、非対面チャネル）、顧客接点、顧客管理方法（どのようにIDを取得・管理するのか）など

●ステークホルダーに関する事項：サービス提供主体（の法人）、販売チャネル、商

流・物流、外部委託先有無など

●サービス対象スコープに関する事項：対象機器、展開地域、サービスの構成・メニュー（オプション、複数プランの有り無し、付属品、消耗品）など

●契約管理・課金など財務的な事項：課金体系、課金単価、契約期間、解約・契約変更の有無、締め・請求タイミング、決済・請求方法、与信、資産管理（在庫の持ち方・レンタル・リースの考慮）など

●その他の事項：アフターサービス（顧客サポートの方法、故障・不具合時の対応の考え方）、キャンペーン（無料期間の有無）、インセンティブなど

これらの項目を論点・検討項目として、ワークシートを作成し、サービスを構成する仕様についての初期仮説を記述していきます。必ずしも順番に検討していく必要はなく、サービスとして全体の整合性が取れているか、事業の狙いが実現できているか、オペレーション・IT基盤をイメージしたときに実現可能かといった観点を考慮しつつ、プロジェクトチームで議論しながら埋めていけばいいでしょう。

サービス仕様項目によっては、その意思決定がサービス全体を左右するケースもあ

ります。たとえば、ウェブやスマートフォンアプリケーションといったデジタルを活用した顧客接点を設計する場合、カスタマージャーニーを考慮した申し込みまでの流れの設計はきわめて重要となります。

## 顧客のＬＴＶ最大化を目指す

サービス仕様の定義の際には、サブスクリプション・ビジネスの特徴を考慮して検討する必要があります。継続課金によりＬＴＶ（Life Time Value：顧客生涯価値）を最大化させることがサブスクリプション・ビジネスにとって重要なのです。

サブスクリプション・ビジネスモデルにとって最悪なことは、解約されてしまうことです。これを防ぐためのサービス仕様案として、二つの対応案があげられます。一つは、契約形態として休止と再開を選択できるようにするといった考慮です。

当該サービスの利用をある期間だけ休止したい場合、休止プランがなければ、いったん解約して、再度契約を申し込まなければならなくなります。一方、休止プランがあれば、このような顧客にとってのわずらわしさを解消し、解約した後に再契約されないリスクを回避する手段となりえます。プランの中止と再開を選択できるのであれ

## 図28
## LTVを最大化するための柔軟なサブスクリプション管理

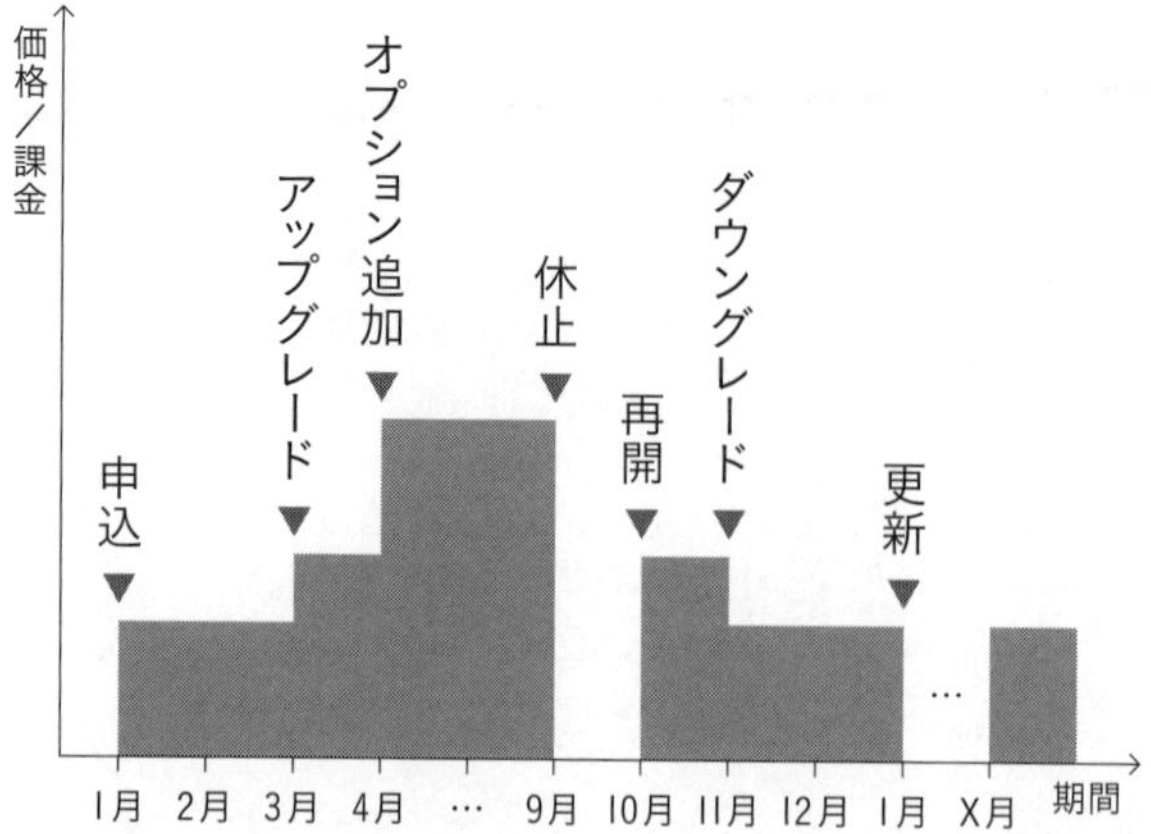


ば、最低でもその月の売上が得られないだけですむのです。

もう一つはダウングレードしたオプションプランを提案することです。利用時間が減ってくると、ユーザーは解約の検討を始めます。その兆候をつかんだら、もっと低価格なプランを提案し、売上が減っても長く使い続けてもらうことを選択してもらう必要があるのです。

### セールス・マーケティングの基本的な考え方

販売チャネルの議論は、セー

ルス・マーケティング活動の議論と密接に関連します。

福田康隆著『THE　MODEL』では、事業展開を行う際の、代表的なセールス・マーケティング活動をわかりやすくモデル化しています。

SaaS事業のサブスクリプション・ビジネスモデルからの知見で構築されたモデルではありますが、コト売りを行うサブスクリプション・ビジネスモデルを採用する事業全般と非常に親和性の高いモデルです。

主にBtoBのサブスクリプション・ビジネスにおけるセールス・マーケティングに関する考え方の例として次に要点をご紹介したいと思います。


「まず、ターゲット市場に対して認知拡大するところから始まる。マーケティングの入り口は必ずしも一つではなく、フォーム入力や名刺の獲得などからコンタクト情報を取得するとリード獲得のステージに移る。ここからリード育成と育成対象外のステージに分かれる。

情報提供を通じて育成されたリードは、リードスコアリングやインサイドセールスによって商談につながるかどうかの判定が行われ、有望リードに絞り込まれる。

その後、実際に営業がアポイント・訪問し、商談に移る。サブスクリプション・ビジネスモデルにとっては、受注後の顧客ステージが重要である。契約後はオンボーディングと呼ばれるサービス提供や活用のフェーズに入る。

契約が完了し、顧客になってからは、コンサルティング、カスタマーサポート、トレーニング、コミュニティ、カスタマーサクセスなどが一体となって顧客体験を支えていかなければならない。

デジタルでサービスが提供される場合、顧客と直接的な接点が形成される。そのため顧客活動を直接的に把握できるため、解約リスクを検知するといったチェックにも活用できる。そこで満足度が高い場合には、クロスセル・アップセルにつながり、ロイヤリティの高い顧客がその会社のブランド向上につながる評判を口コミで伝え、それがさらに新しいリードや市場の評価に貢献してくれる。直線型ではなく、このような循環型・拡大型のモデルを構築していくことで、契約数を循環的に成長させていくことを狙わなければならない。」

## 図29 セールス・マーケティングの枠組み

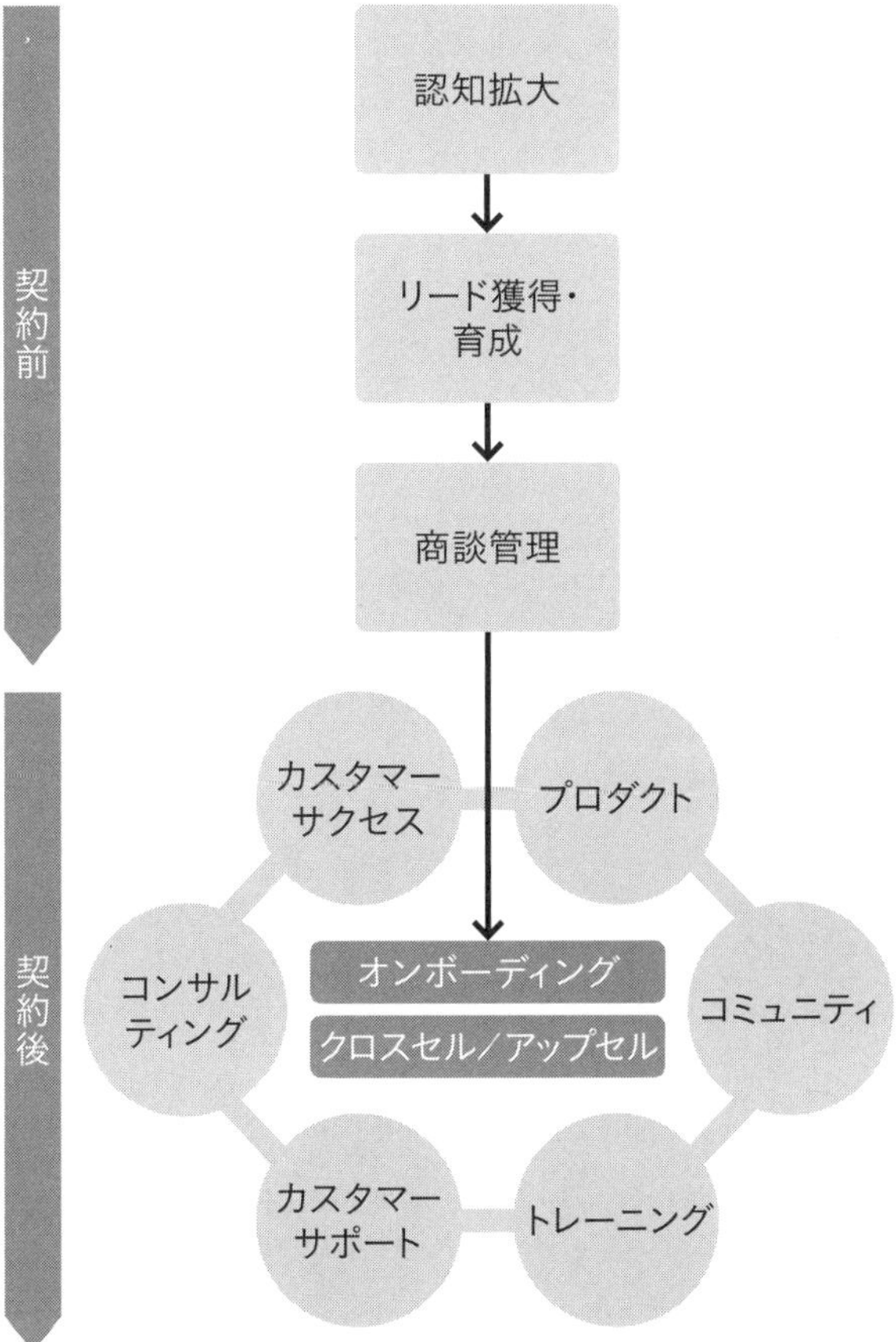


出所：『THE MODEL』から著者作成

セールス・マーケティング活動については、そのサービスの特性や自社がすでに保有している顧客接点を有効活用するといいでしょう。直販営業を多く抱え営業力に強みがある企業は、その販売チャネルを活用し、ソリューション提案型で提供するのも有効です。

ＳａａＳ事業で近年トレンドとなってきていますが、ウェブやインサイドセールスといった非対面チャネルを中心にサービスを提供するケースもあります。サービス仕様検討では、いかに契約数を増やしていくのかをセールス・マーケティングの観点で考慮しておかなければなりません。そうすることで、事業企画担当は販売チャネルに対して実務的な落とし込みを行っていくことが可能になるのです。

## 主要なサービスを抜けもれなく検討

具体的かつ詳細なサービス仕様検討を進めていくと、構想策定フェーズ後の実行フェーズにおいては、最終的に２００～３００項目程度の仕様項目になってきます。しかし、構想策定フェーズにおいては、あまり枝葉末節の仕様項目には踏み込まず、サービスの概要や方向性がサービスの受益者にとってイメージできるレベルにとどめた方がよいでしょう。おおよそ数十項目程度で目的を達することができるはずです。

この構想策定フェーズにおいて、主要なサービス仕様項目について抜けもれなく、かつ一定の粒度をもって考え抜いておけるかが、今後のプロジェクト展開にとってきわめて重要となります。このサービス仕様検討は、現実にどのようなサービスを市場に投入するのかを表現したものになるので、サービスの市場投入の成否のカギを握る検討といえるでしょう。

このサービス仕様を基にして、実行フェーズでは業務・システム設計を実施します。また、サービス利用規約、契約書、販売ガイドライン、業務マニュアルといった成果物も作成することになるので、サービス仕様は構想策定フェーズでの重要な成果物となります。

## 市場に問いかけ、1次情報を取得

検討したサービス仕様を市場に問いかけ、当該サービス仕様に対する反応を1次情報として取得します。手法としては、独自に行うアンケート調査やデプス・インタビューなど直接市場の声を拾う手法が採られます。

この1次情報を取得・分析していないと、事業計画やビジネスモデルは初期仮説の域を出ず、経営幹部や投資を審議する財務部門に対しての説明力を持たないので、必ず実施しておきたい事項です。ウェブアンケート調査であれば、外部の調査会社を用いて行います。分析に意味のあるサンプル数を確保するという意味で、一定のサンプル数の取得が必要となるでしょう。

アンケート項目には具体的なサービス案を提示して、このようなサービスがあった場合に、定期申込を行う意向がありうるかの質問を中心に盛り込みます。その場合、申し込みの有無、またそのように判断した理由、サービスについての感想、サービスを構成する要素についての魅力度、改善要望などを聞きます。また、ターゲットとする顧客像を明確にするために、回答するユーザーの属性項目もあわせて、サンプリングを進めます。

回答結果からは、サービスに関する生々しい声を得ることができます。これによって、プロジェクトチームでは気づかなかった有力な示唆を得られることもあります。ネガティブな結果が出たとしても、それはそれで仮説を検証できたという点で、意味のある成果なのです。ただしその場合には、ビジネスモデルやサービス仕様の検討に立ち戻る必要が出てくるでしょう。

### 顧客像を素早く具体化する

独自アンケートの成果をより効果的に印象付けるためには、前段で検討した公開情報を活用した分析と組み合わせて分析を進め、経営層などのステークホルダーへの説明力を高めることがポイントとなります。独自アンケートを活用したミクロな情報と、公開情報を活用したマクロの情報の両方を活用することで、市場や顧客の声を可能な限りキャッチし、説明相手への説得力を増大させていくのです。

また、分析を通して、可能な限り顧客像を具体化しておく必要があります。サービスへの利用意向を示したのはどのような顧客像なのか、示さなかったのはどのような顧客像なのか。ターゲット顧客のプロファイルを具体化するためには、年代、性別、企業規模といった属性情報だけでなく、ワークスタイル・ライフスタイルなどの情報からも、課題やニーズを具体化していく必要があります。

自事業の業界の常識がモノ売りである場合に、サブスクリプション・ビジネスモデルによる新規事業案は、ときに業界の通説とは異なるサービス案となっていることも

**図30 市場・顧客調査のデータソース**

| 標準的なデータソース | | 今後積極的に活用すべきデータソース |
|---|---|---|
| サンプリングによる推計データ<br>● アンケート調査<br>● グループインタビュー など | ▶ | 自社サービスの顧客IDに紐づく全量データ<br>● 顧客属性情報<br>● サービス利用状況／サイト内行動 など<br>外部データ<br>● サードパーティデータ<br>● SNSデータ など |

ありますが、一定の事業ポテンシャルを持つということをプロジェクトチームが自ら具体性をもって説明できなければなりません。

一方で、市場調査はビジネスモデルやサービス仕様のアイデアについての仮説検証に該当しますが、あまりに緻密かつ長期間の検証は、かえって事業の成功を阻害する要因になりかねません。半年・1年もかけて仮説を検証しつくしたころには、競合がすでにサービスを開始しており、顧客を囲い込まれてしまった、ということも起こりえます。素早く事業性を検証し、次のステップに進むことが重要です。

## すでに分析が可能なケースも

顧客分析について補足します。すでに会員制のサービスを開始している場合、既存の顧客接点を通してすでに得ている顧客ＩＤに紐づく実際のデータを使って、分析が可能になっているケースもあります。この実際のデータを基本として、サードパーティデータと呼ばれる外部データを活用したり、アクセス解析ツールを活用してサイト内の顧客行動データを分析したり、企業内の基幹システムデータ（契約数、解約動向、売上など）を使って自社の顧客を分析することができます。

顧客行動データとは、オンラインの行動の総称であり、ウェブサイトの訪問履歴、クリックの情報、動画・コンテンツの視聴履歴、メールの開封・クリック、モバイルやウェブを通したサービスの利用履歴などさまざまな行動データを指します。顧客のデジタルシフトが進めば進むほど、集まるデータが増加し、より精度の高い顧客のプロファイル分析が可能となるのです。現在のケイパビリティですでに可能であれば、市場・顧客分析の材料として積極的に活用すべきでしょう。

## 4 実現可能性を判断し、事業計画としてまとめる

**事業ポテンシャルを算定する**

事業ポテンシャルの算定では、サービスが市場において、どのくらいの需要が見込めるのか、適正な価格はいくらかといったことの検討を行います。サブスクリプション・ビジネスモデルを採用した際の特徴を考慮して、損益シミュレーションのモデルを構成しなければなりません。一般的な変数・算定のフレームワークとしては、売上＝契約数×客単価×解約率となります。

契約数については、ターゲット数×契約率に分解することができ、市場全体のターゲット数（サービス展開可能数）を市場調査の結果も参考にしながら推定し、そのターゲット数に対して、自社のサービスがどの程度の割合で申し込みできるのかを契約率として考慮します。競合のサービスがある場合には、想定されるシェアなども、パラメータをセットする際に考慮する必要があります。

客単価については、サービス仕様で検討した課金単価の考え方と、市場調査において取得した価格弾力性（価格変化に対する需要の増減）の情報を参考に検討を行います。ビジネスモデルとサービス仕様を考慮したうえでの客単価のモデル化が必要になります。前述のギターメーカーであるフェンダーのケースのように、サブスクリプションサービスをきっかけとしてハードウェアでマネタイズするケースや、従量課金と定額課金を組み合わせた価格体系などをサービス仕様として想定しているケースなど、単純な月額の定額課金ではない場合、どのような客単価を採用してモデル化するのかを考えることが必要です。

サブスクリプション・ビジネスモデルは、LTVの向上を目指したビジネスです。獲得した契約から一定期間中は継続して収益を生み続けることとなる一方、解約が発生すると、課金収益はそこでストップしてしまいます。そのため、事業ポテンシャルの算定においては、解約率の考慮が重要となります。

解約率については、まだ始めていないサービスの解約率に確からしさを出すのは難しいのですが、類似したサービスのベンチマークや、業界の有識者へのヒアリングで実施します。それに加えて、基準となるベースケース、ベストケース、ワーストケースといった複数のケースを用意することもあります。このようなことを通じて、事業計画の説得性を高めていくのです。

複数の料金プランやオプション、消耗品の有無、従量課金の有無など、サービス仕様の複雑性によって事業ポテンシャル算出のモデルも複雑になります。しかし、最初から枝葉末節の議論をするよりは、あまり複雑にしすぎずに基準となるベースケースの数字を作った方がいいでしょう。そのうえで、どのようなシナリオがありうるかを議論し、ベストケース、ワーストケースのシナリオを考慮しながら、売上のモデルを作成するのが望ましいでしょう。

## オペレーションの方向性を検討

前述のサービス仕様を実現することを想定した場合に、どのようなオペレーションとなるのかを「ハイレベル」に方向づけていきます。ここであえて「ハイレベル」と記載しているのは、実際のオペレーションで使用されるような詳細な業務マニュアルを作成するわけではないからです。前述で定義したサービス仕様を実現しようとした場合に、業務の実現に必要となる機能、それを実現する組織と役割を記載することで、サービスを実行するうえでの実現性を考慮するのです。

また、当該事業を運営した場合のオペレーションコストを算定しておくことも重要です。この算出には、サービス仕様や算定した事業ポテンシャルが前提となります。たとえば、「サービスを運営するうえでの顧客接点として何が必要なのか。顧客接点として、もしコールセンターが必要な場合には、問い合わせ数はどのくらいを想定するのか」「ハードウェアとサービスの両方を提供する形態の場合に、ロジスティクスコストはどのようになるのか」「契約数はどの程度を想定するのか」「継続課金の料金が未払いの場合の督促業務も自社で行うのか」「契約に基づく継続課金のオペレーションはマニュアルで行えるボリュームなのか、もし、自社のオペレーション部門で実現できない場合に、外部の業務委託先を利用するのか」――などです。これらのようなサービス仕様で検討した事項を考慮して、オペレーションコストを見積もります。

契約数という観点では、契約数が3ケタを超えるとサブスクリプションシステムなしでは、オペレーションコストが増大し、オペレーションの破綻リスクが非常に高まるのではないかと考えています。

たとえば、「ある顧客の契約Aは、キャンペーンの対象なので3カ月間は課金を30％

割り引く」といったことがある場合に、顧客ごとに選択している料金プランやオプションが異なることを考慮した課金計算を3ケタ数の契約について個別に対応することを想像してみてください。この作業を、担当者が表計算システムや紙の帳票の備考欄に当該情報を書き込んで請求書発行を契約期間中に行い続ける必要があるのです。

このようなオペレーションは、高負荷であるだけでなく、人為的なミスを誘発することは想像に難くないでしょう。

このようなことを想定し、サブスクリプションシステムの活用の有無も考慮して、オペレーションコストを算出する必要があるのです。

## システムの全体構成を「仮置き」して考える

前述のサービス仕様を前提として、オペレーションの方向性検討と並行して、当該サービスに必要なシステム構成を検討します。システム構成のコアであるサブスクリプションシステムに求められる機能を抽出するだけでなく、ビジネス全体を動かすための周辺システムを含めた全体構成を検討する必要があります。

先に述べたように、「モノ」をともなうビジネスケースを想定した場合には、SaaS

などの「モノ」を含まないビジネスと比較して、システムの複雑性が相対的に高くなります。たとえば、サブスクリプションサービスの申し込みをトリガーとして、受注・出荷を行うためのＥＲＰパッケージシステムなどの物流・販売管理システムと連携する必要があります。また、サービス仕様次第でありますが、レンタルのような自社資産のストックで継続課金を行っていく仕様の場合、固定資産管理システムなどを用いた個体管理や減価償却の計算などの機能も必要となってくる場合もあります。

さらに、アフターサービスの考慮も重要です。故障履歴や対応履歴を管理することは当然ですが、顧客管理や顧客に対するタッチポイントとなるコールセンターやウェブなどから、契約や課金の情報、これまでどのような故障対応を行ったのかなどの情報を照会可能にしておく必要があるのです。

このようにビジネス全体を俯瞰したシステム機能とその構成を検討することが、この作業では求められます。

また、この作業では、具体的にシステムを確定するわけではありません。構想策定フェーズにおいては、「このシステム全体構成の場合」という前提を仮置きして、システム的な実現性を検証し、システム投資規模を概算します。システム構成のコアになるサブスクリプションシステムやその周辺のシステムの具体的な選定や導入については「実行フェーズ」で実施することになります。

## 既存システムを活用できるか

全体のシステム構成を考えたときに、既存システムを一部改修して利用することを考えることもあるでしょう。そのような場合に、ＩＴ部門から「自社にとって未体験で収益化までの道のりが不透明な新規サブスクリプションサービス実現のために、システム投資を行うべきなのか」という問題提起をされる場合があります。この問題提起は、既存事業のシステム改修に追われているＩＴ部門のリソース不足と、長年積み重ねた改修の結果から、新規事業に向けたシステム改修規模が多大であると見積もられることに起因することが多いようです。

このようなことが生じた場合、事業を企画しているプロジェクト側では、将来の理想的なビジネスモデルだけに固執せず、本当に必要最低限な機能は何なのかを突き詰めて検討すべきでしょう。さもないと、サービス開始に向けた検討が膠着状態に陥り、プロジェクトが長期化してしまうことになるからです。

事業企画側として、ＩＴ部門に新規ビジネスモデルの重要性を十分に説きながらも、ＩＴ部門の負荷なども考慮したうえで、段階的にシステム化を推進するといった案を出しながら、成果を刈り取る方法を模索する必要があります。そのうえでオペレーション負荷とＩＴ投資のバランスを取った実現可能な案を策定すべきです。

構想策定段階のＩＴ投資見積については、あまり精緻にやりすぎる必要はありません。1億円かかるのか5億円かかるのか、あるいは10億円かかるのかといった規模感を把握しておくことは重要ですが、精緻な金額については、実行フェーズの中でソリューションや開発ベンダーの選定を行いながら詳細化していきます。ここでは規模感を把握することにとどめるべきでしょう。

余談になりますが、本サービスの検討以降に、新規サービスを続々とリリースしていくことを検討している場合には、すべてのサービスが相乗りできるような共通ＩＴ基盤を整備することも重要になってくるでしょう。考え方として、とても重要なことですが、最初から考えすぎると推進が止まりかねないので注意が必要です。

## 事業計画のまとめ

ここまでの検討で、ビジネスモデル、サービス仕様、市場調査の結果を踏まえた売上予測、オペレーション・ソリューションの方向性を踏まえた概算コストがアウトプットされているはずです。これらの情報を用いて、事業計画としてまとめ、経営層・経営幹部・投資を握っている財務部門に対して上申することになります。

特に伝統的な日本の大企業においては、複数の部門や経営幹部に対する説明行脚や、指摘を踏まえたビジネスモデル、サービス仕様、損益シミュレーションの微細な変更などを何度も求められる可能性があります。筆者の経験上、事業計画のまとめとしての文書化から承認まで、1カ月くらいのスケジュールを確保しておいたほうがよいでしょう。さらに、各部門や経営幹部への説明資料については、骨子は外れないようにすべきではありますが、よりステークホルダーの関心事について集中的に述べられるように、説明会ごとに構成を再検討した方がいいでしょう。

事業計画が承認された後は、サービス開始に向けた実行フェーズに入ります。このフェーズでの主な検討は、サービス仕様の詳細化と確定、オペレーションの詳細設計、ソリューションの選定とシステム導入、社内ユーザー向けのトレーニングといった活

### 図31　実行フェーズの進め方

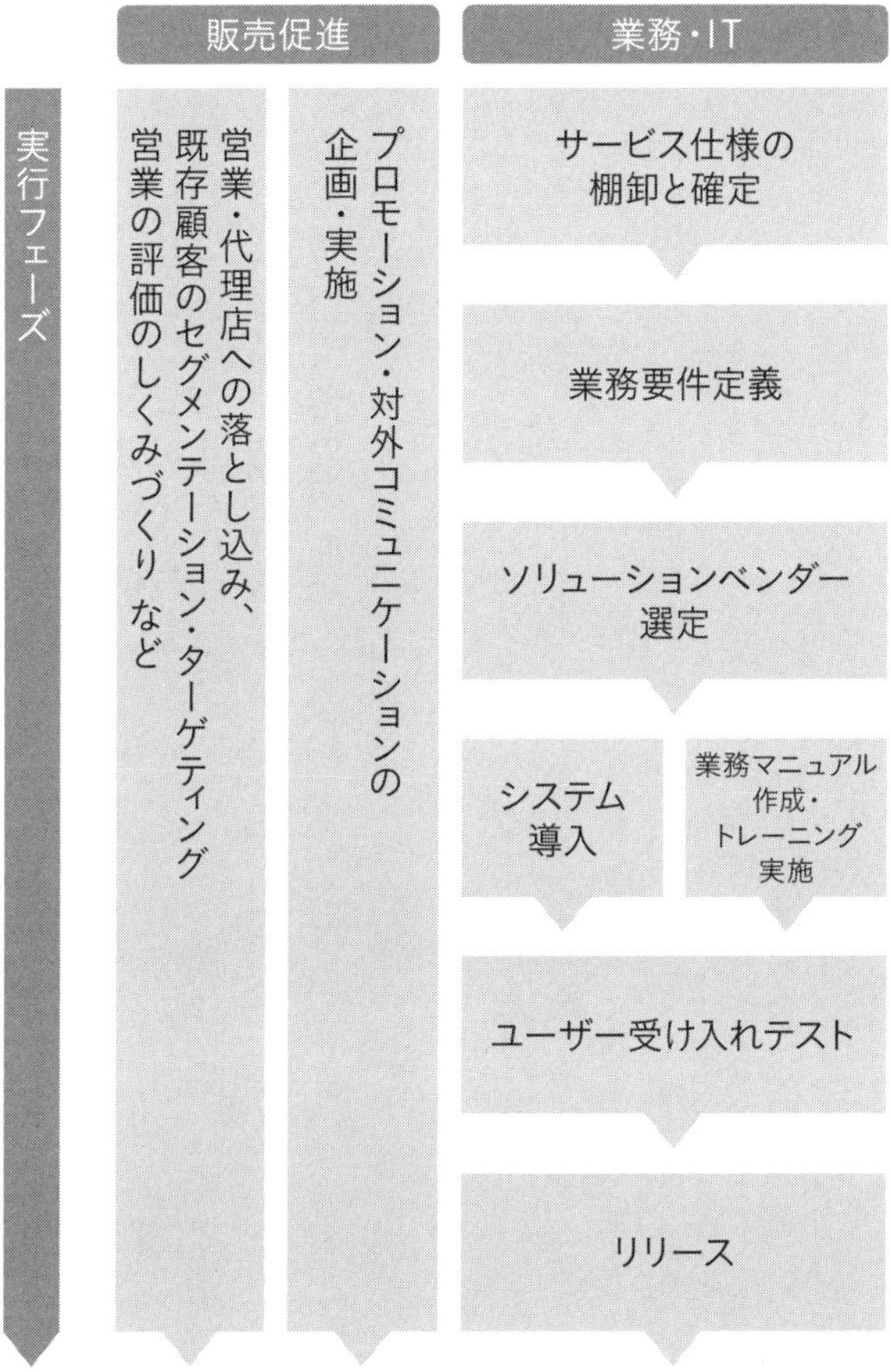
販売促進
業務・IT
実行フェーズ
営業・代理店への落とし込み、既存顧客のセグメンテーション・ターゲティング営業の評価のしくみづくり など
プロモーション・対外コミュニケーションの企画・実施
サービス仕様の棚卸と確定
業務要件定義
ソリューションベンダー選定
システム導入
業務マニュアル作成・トレーニング実施
ユーザー受け入れテスト
リリース

動になります。こちらはこれまで検討してきた事項の詳細化・実現化の作業です。

それに加えて、サービス開始に向けての準備作業に入ります。マーケティング準備活動として、対外的なプロモーションなどのコミュニケーションの検討、必要に応じて営業・代理店といったチャネルへの落とし込みとサービス開始準備、既存の顧客データ基盤がある場合は営業活動開始に向けての既存顧客のセグメンテーションおよびターゲティング、また、営業活動を開始した後の営業の評価のしくみづくりなども、積極的な営業活動を展開するうえでは重要な準備事項となります。

ここまで、構想策定フェーズの実施事項とその内容、および実行フェーズの実施事項を述べてきました。実行フェーズにおける詳細化・実現化に関する内容は、次の業務・ＩＴ再設計による業務効率化・生産性向上プロジェクトの検討と類似する部分があるため、そちらとあわせて説明していきます。

## 5 すでに立ち上げたビジネスの見直し

当ケースにおいては、すでにサブスクリプション・ビジネスを開始しているケースを想定して議論を進めます。先に述べたように、サブスクリプション・ビジネスの目的は、ＬＴＶの最大化です。そのためには、自社の製品・サービスを活用して顧客に成功してもらい、満足度が高い状態をキープし続けなければなりません。ポイントは、「いかに継続してもらえるのか」ということなのです。

そのようなサービスの継続性の観点で見たときに、サブスクリプション・ビジネスを開始して間もない場合、オペレーションやＩＴの観点で次のような課題を抱えていることがよくあります。以降、これらの課題を見ていきましょう。

### オペレーション・ＩＴの観点での課題

よく見られるのは、サービス開始を優先した結果、業務設計と浸透が十分ではなく、また、必要なIT基盤が整備されていない状況です。このような場合、契約管理や継続課金のための請求業務や営業活動の自動化を実施できておらず、そのために、契約数の段階的な増加にともない、オペレーション負荷とコストが肥大化してしまいます。また、課金計算や請求書発行を手作業で対応しており、請求ミスなどの人為的事故が起きる可能性が上がってしまいます。次から少し具体的に課題を提示します。

**課題例1**

B to Bビジネスにおいて、法人顧客ごとの事情を考慮して、個別企業ごとの相対契約を行うことも多く、サービス仕様にかかわらず、契約のパターンが複雑化していきます。極端な場合、顧客ごとにすべて契約内容が異なることも起こりえます。これは対象となる相手とのビジネス関係に依存して生じることが多いです。

その結果、料金プラン、契約期間、無料トライアル適用期間、請求サイクル、請求締めタイミング、請求書発行方法、オプション適用の有無などがすべて異なる複数の契約が生まれ、その内容に整合して正確かつ継続的に請求・課金を行うような高負荷オペレーションを実行しなければならなくなります。もし、誤請求が生じた場合には、企業にとって信用問題となってしまうからです。
　このような状況が続くと、手作業によるオペレーションが限界に達します。

**課題例2**

　最初のサービス立ち上げをなんとか実現しましたが、顧客要求の分析をした結果、もっと柔軟な価格体系を実現しないと解約しそうな顧客が多くいることが判明しました。しかし、システムは最初に検討したサービスの課金体系のみに対応しており、新しい課金体系を実現しようとすると、多大なシステム開発工数がかかってしまいます。

**課題例3**

　同様にシステム開発に関する課題です。もともとサブスクリプション・ビジネスを実現していた企業であったのですが、新サービスの開始にともない、システム導入の検討を行いました。その結果、経営層から既存システムを最大限活用するように指示が出たのですが、設計を進めていくうちに、実は改修に多大な時間とコストがかかることが見えてきたのです。

また、既存システムは複雑に絡み合って開発されており、もし改修を行った場合には、その影響も多岐にわたり、障害を発生させるリスクが大きいことが判明しました。

## サブスクリプションシステムの導入で解決可能

ここにあげた課題の多くは、サブスクリプションシステムの活用で解決の糸口が見えてきます。この機能については、すでに解説したとおりですが、優れたサブスクリプションシステムはさまざまな課金体系に対応しているので、課題1は容易に解決できるでしょう。ただし、契約パターンを複雑化するということは、顧客の改善要求を分析しづらくなるので、できる範囲での類型化を試みることは必要でしょう。

課題2、課題3も同様にサブスクリプションシステムの導入で対応できるはずです。

## サービス仕様の棚卸と詳細化

すでに提供しているサービスを再設計する場合の留意点として、移行の検討があげられます。そのままサブスクリプションシステムにのせて運用するか、それとも、サービス開始時点でサービス仕様変更を行うかです。顧客ごとに、作成した既存契約を

## 図32 業務効率化・生産性向上プロジェクト

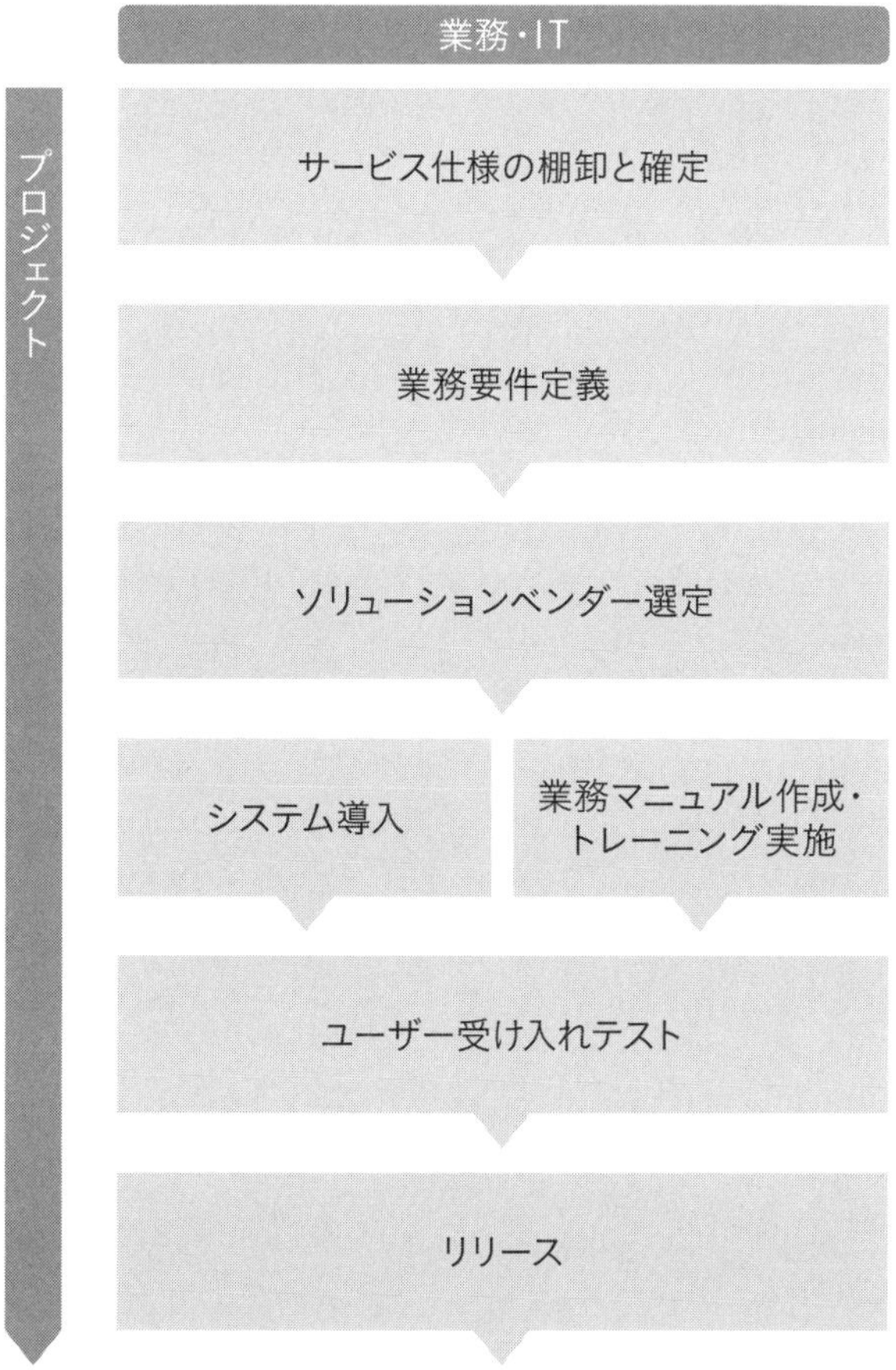

棚卸・分析し、そのまま移行できるか、それともサービスの仕様変更を行うのかを検討しなければなりません。サービス仕様を変更する場合には、効果創出の観点から、申し込みのボリュームの大きいものから段階的に旧サービスから新サービスに移管していくことが望ましいでしょう。

サービス仕様は、実際にはスケジュールやプロダクトの制約等から、サービス開始後であっても未決事項が残っているケースがあります。また、新規で検討している場合には、構想策定フェーズでは重要な項目のみを決定しているため、実行フェーズで未決の仕様項目の内容を詰めていかなければなりません。その場合には、どうやって契約を取っていくのかのサービス仕様（販売チャネル、決済方法、サービスのアクティベーションなど）は優先して検討すべきでしょう。

一方で、顧客に適用するキャンペーン内容（無料期間や割引など）や契約した後のアフターサービスのサービス仕様などが後回しになることがよくあります。そういった未決項目はシステム仕様にも影響することも多いため、見直し、または実行フェーズの初期に未決のサービス仕様の棚卸を行い、網羅的に内容を確定する必要があるでしょう。

## 業務・システム設計

サービス仕様をインプットとして、当該サービスの商談管理からのメインプロセス（申込、契約管理、サービスの開通〈ときにはプロビジョニングともいう〉、請求、回収、売上計上）に加え、仕入・出荷・在庫管理、実績集計、アフターサービス（物流含む）、固定資産管理などの業務プロセス・ルールを設計します。また、すでにサービスを提供している場合には、はじめに現状のオペレーションの分析を行い、課題の特定を行ってから、業務の再設計を行います。再設計の場合には、再度課題を解決する業務・システム設計になっているかを確認することも重要です。

業務設計時に留意することは、登場人物とその役割、また各タスクの実施タイミングです。また、どのプロセスをどのシステムで実施する想定なのかも明確にする必要があります。この業務・システム設計結果を要件としてＲＦＰ（Request For Proposal）として取りまとめ、システム導入ベンダー選定のためのＲＦＰプロセスに入っていきます。

## RFPプロセスからシステム導入

サブスクリプションシステムは、前述したとおり、機能的にCRMシステム（顧客管理・ECサイトソリューションなど）とERPパッケージシステムの間に位置するソリューションであり、契約管理・課金計算が主な機能となります。

2019年のフォレスター・リサーチの調査などによると、同年12月時点で、下記のようなソリューションが存在します（以下、社名）。外資系では、ズオラ、アリア・システムズ、ゴートランスバース、ビリング・プラットフォーム、SAP、セールスフォース、リカーリー、レックビュー、チャージファイなどです。

日系のソリューションでは、ビー・プラッツやテモナがあげられます。日本でビジネスを行っている外資系企業は、ズオラ、SAP、セールスフォースの3社であるため、検討の選択肢としてはある程度絞られます。その中でもフォレスター・リサーチといった第三者機関はズオラを高く評価しており、同社はグローバルで1000社を超える圧倒的な導入実績を持っています。

これらITベンダー（ソフトウェアベンダーに提出することも、導入SIerに提出することもある）にRFPを提示し、導入提案をQCDの観点で評価し、ITベンダーを決定します。その際には、先に述べたように、周辺システムとの接続のためのＡＰＩをすでに持っているのかという連携の容易性や、その連携の導入実績、そして、もちろん課金モデルに対する柔軟性は、今後のサービス改善を継続的に実施することを考えると、重視すべき事項となるでしょう。また、ソフトウェアベンダーの日本におけるサポート状況も確認する必要があります。導入時にソフトウェアに問題があったときに、海外のみにしかサポート拠点がない場合には、早期解決を図る障壁になる可能性があるからです。

設計・開発・テスト・移行などを実施するシステム導入時には、サブスクリプションシステムのソフトウェアベンダー・導入ベンダー、周辺システムの改修を受け持つ運用・保守担当、既存システム運用・保守担当など、ステークホルダーが多岐にわたることがよくあります。マルチベンダーによるプログラム管理体制を構築し、整合性をもってシステム導入を推進する必要があるでしょう。このようなプロジェクトでは、ＰＭＯ（Program/Project Management Office）を担うメンバーを明示的に設置し、プロジェクト全体を管理することが望ましいでしょう。

## 6 変革プロジェクトが難しい理由

　これまで、「新規事業構想策定からサービス市場投入までのプロジェクト」と「業務・IT再設計による業務効率化・生産性向上プロジェクト」の進め方の概要を説明してきました。ここまで読まれて「何を当たり前のことをいっているのか。うちの会社がいつもやっていることじゃないか」と感じた方も、また「自社のケイパビリティでは非常に推進が難しい」と感じた方もいるでしょう。筆者の経験から判断すると、本サブスクリプション・ビジネスへの変革プロジェクトは、新規事業構想策定、業務改革・システム導入のいずれの観点においても、難度の高いプロジェクトに該当すると考えています。

　その理由としては、そもそも新規事業開発の不透明性とリスクの高さに加え、非常に広範囲な知見を求められるからです。事業構想・ビジネスモデル検討からデジタル活用、マーケティングリサーチ、カスタマージャーニーの設計、損益シミュレーション、オペレーション設計、サブスクリプションシステムとその周辺システムの選定、業務改革の推進、経営者やステークホルダーに向けた報告資料作成——など、検討しなければならないこと、アウトプットしなければならないことは多く、十分なプロジェクト体制を組むことが求められます。また、必要に応じて、知見・経験のある外部事業者を活用し、検討のスピードをあげることも考慮すべきでしょう。

プロジェクトの難度が高いもう一つの理由としては、サブスクリプション・ビジネスへの変革は、大きな発想の転換を要求する変革だからです。プロダクト中心の考え方から顧客・契約者中心の考え方に発想の変革が求められます。

書籍『サブスクリプション』の中で、ズオラの創始者兼CEOのティエン氏も主張していますが、「なんてことだの大合唱」となるでしょう。

ヒットを狙った品質の高い商品の設計・開発をする製品開発は、永遠のベータ版であるサービスの展開と継続的な顧客体験の改善に替わります。

財務は、LTV・契約数・解約率・年間定期収益・顧客1人あたりの平均収益といった新しい指標での管理を求められ、またモノ売りが継続課金になることで短期的には収益が減収するというような、これまでの常識や経験と反する事業計画の審議と投資判断を行わなければなりません。

ＩＴ部門は、既存事業のシステム対応で追われていて、人もスキルセットも十分ではない中で、事業部門やマーケティング部門から継続的かつ柔軟なサービス提供という観点で高頻度の仕様変更とシステム対応を求められます。また、ＣＲＭシステム、サブスクリプションシステム、ＥＲＰパッケージシステムだけでなく、ＵＩ・ＵＸの観点から顧客接点となるウェブやスマートフォンアプリなどの改善についても、対応を求められます。

営業は、すぐに大きな売上の立つ機器販売を優先したいが、短期的には売上が立たない未知のサービスを売ってくるように求められるのです。

サブスクリプション・ビジネスモデル変革に取り組むということは、経営とテクノロジーに関する総合的な意識改革とケイパビリティ向上を求められることになります。その際に、自社では推進が難しい個所がどこかをしっかり見きわめ、適切な外部事業者を選定して協業していくこともプロジェクトの成功にとっては非常に重要となります。顧客要求に迅速かつ柔軟に対応することを求められるのが、サブスクリプション・ビジネスなのですから。

第6章

# 日本企業が成功するために

## 1　日本の市場で今後何が起きるか

### ITジャイアントとの覇権争い

これまで大手IT企業のサブスクリプション・ビジネスモデルに対する取り組みを通して、サブスクリプションの市場や各社の狙いを概観してきました。前述のように、大手IT企業のサブスクリプションサービスが世界を飲み込もうとしているかのようにも見える中で、日本ではズオラ社主催の「Subscribed Tokyo 2018」や同２０１９の活況に見られるように、多くの産業・各社で一斉に自企業におけるサブスクリプション・ビジネスモデルの適用検討が開始されている状況です。

たとえば、空調機器業界のある幹部は、「グーグルがエアコンに参入すれば大きな脅威である」とコメントしています。自動車業界においては、すでに自動運転技術やモビリティサービスを巡り、自動車メーカーとITジャイアントとで覇権争いが起き始めています。業界の既存の常識では想像もつかないような方法で、強力な競合が入ってくることが懸念される中、日本企業のチャレンジが始まっているのです。

たとえば、ダイキンは２０１８年にサブスクリプションサービス「エアアズアサービス（ＡａａＳ）」を開始しています。今後数年は、さまざまな産業において、月額定額を中心として継続課金型のサービスが乱立し、業界内・異業種間でもぶつかる戦国時代の様相となるでしょう。各産業からこのモデルを採用したさまざまなサービスやビジネスモデルが生まれてくると考えられますが、市場の中で顧客に支持されて生き残るサービスは、以降の取り組みを実直に行ったケースではないかと考えられます。

## 取り組みを通じて、中期的なビジョンや戦略／計画を持つこと

これは、今後数年をかけて自社はどう変わっていくのか、自社の強みはどこにあり、またどこに課題があってそれをどのように克服していくのかといった構想を描けていることです。

たとえば、自業界へのＩＴジャイアントの参入は脅威ですが、過剰に恐れる必要はありません。自社のプロダクト（ハードウェアやコンテンツなど）の強みがしっかり把握できているのならば、たとえデジタル活用や顧客接点で彼らに見劣りしたとして

も、逆の立場から見るとＩＴジャイアントもプロダクトに弱みを抱えているといえ、ある意味、スタート地点は同様だといえます。サブスクリプションというビジネスモデルをきっかけとして、自社の強み弱みや競合の分析を実直に行い、ポジティブに事業構想を練っていくことが重要なのです。

## 「まずやってみる」ということ

サブスクリプション・ビジネスモデルは、実践を通してサービスを進化させていく道筋をつけていくことが重要です。新規事業の構想策定では、できる限り成功の可能性を上げるべく論理的な計画と仮説づくりを行いますが、結局はサービス提供の実践を通して仮説検証のサイクルを回していくしかないのです。特に、サービス提供者は、自社が市場と顧客に問いたい提供価値を検証するための最小限のサービスを設計して、市場と顧客の反応を見ながら、継続的にサービスを更新していく必要があります。

「自社内の複数プロダクトを横断した全社サブスクリプションサービス構想」といった大風呂敷を広げるのではなく、「まずやってみる」というスピード感を重視し、変化し続けられる事業が生き残ると考えられます。

## デジタルな接点を持ち、データの取得・分析ができるケイパビリティ

たとえば、BtoB事業の建機メーカーにとっては、人や物の所在や状態・動き、環境の状態、測量データなどの情報の把握が重要です。

BtoC事業の楽器メーカーであれば、顧客がどれくらいの頻度で演奏しているのか、ラーニングアプリを通してどのような曲を演奏しているのか、演奏に習熟するうえでどこに困っているのか、ということがデータであり、企業が最も得るべきナレッジです。

このナレッジをサービスに活かしていくことが重要なのです。顧客がモノを買えばおしまいではなく、そのモノによって何をしようとしているのかという目的を突き止めなければなりません。

日本におけるカーシェアは興味深い事例です。カーシェアリングのサブスクリプションサービスを通して取得したデータでわかったことは、利用者が車を走らせることではなく、どこで昼寝や充電、映画鑑賞をしていたか、という情報です。この結果は、当初想定していた用途とは異なる結果ですが、提供側にとって、サービスが実際にどういった価値を発揮しているかを、実際のデータを通して理解できたことになります。

デジタル技術を使いながら、つまり、顧客がどういう使い方をしているのかをデータで理解しながら、サービスにつなげるという循環を構築することが重要です。

データの重要性については、宮崎琢磨・藤田健治・小澤秀治著『ＳＭＡＲＴサブスクリプション』が、タッチポイントとしてまずは顧客にＩＤを配布してマイページを持つことの重要性を主張しています。顧客が知りたい利用状況・請求額・導入効果などのデータを表示し、この収集したデータをサービス提供側が顧客の理解に役立てることです。これは筆者もまったく同感です。一方、シンプルなマイページさえも実現できていない日本の大企業は多数あります。

## 必要なテクノロジーを把握し、拡張についての構想を持てていること

前述のサブスクリプション・ビジネスを支えるＩＴ基盤でも記載しましたが、サブスクリプション・ビジネスを継続的に運営していくためには、さまざまなテクノロジーのケイパビリティが不可欠です。ズオラやビー・プラッツといったサブスクリプションシステムは、サブスクリプション・ビジネスモデルを構成する一つの要素でしかありません。

必要なＩＴ基盤をしっかり理解したうえで、事業成長の観点からどこから投資して何を整備するのかについてのテクノロジー構想が必要となるのです。

テクノロジー構想の策定には、社内のＩＴ部門がサブスクリプション・ビジネスモデルを理解し、テクノロジーの導入を通した事業への貢献をコミットするスタンスを取れることが非常に重要となるでしょう。

## 他力を使えること

オープンイノベーションや、外部サービスの活用、Ｍ＆Ａや資本関係をともなう業務提携の積極化といった自前主義にこだわらないしくみでサービスを高速に具現化できる事業が、市場で生き残ると考えられます。

たとえば、化粧品メーカー某社では、オープンイノベーションプラグラムを活用して、異業種の意見も積極的に取り入れることで、新規事業案を創出しています。自社の顧客データを活用して顧客ごとのパーソナライズを行い、継続課金型のサブスクリプション・ビジネスモデルでビューティーディレクターが顧客のライフスタイルにあわせ、寄り添いでメイクや化粧品をサブスクリプションボックスとして提供するというものです。

これは化粧品メーカーの本業に対して、テクノロジーやサブスクリプションというビジネスモデル案を盛り込んで、新たな価値創出を目指すものといえます。また、場合によっては異業種や競合とも連携しながら事業案を具現化していく必要があるでしょう。顧客基盤やデジタルマーケティングといった事業のフロントに課題がある場合は、前述のサブスクリプション・ビジネスモデルを支援するＩＴ事業者のサービスを選定してセールス・マーケティングに活用していくことも、今後施策として重要になります。テクノロジーでは外部ＡＰＩの活用を使ってサービスをアジャイルに構築していくことも当然の施策となってくるでしょう。

### ラクサスのケース

市場における生き残りの条件に適合したさまざまなサービスが出てきています。テクノロジーに関する独自の強みをテコに、いち早くサブスクリプション・ビジネスモデルに取り組んだラクサスのバッグレンタルサービスが象徴的です。

同社のサービスは高級ブランドのバッグ（エルメス、プラダ、ルイ・ヴィトンなど）

を、定額・使いたい放題で提供するサブスクリプション・ビジネスモデルです。一律月額6800円を支払うことで、数十のブランド、数万点のバッグから好きなものを一つレンタルできるのです。

女性のTPOにあわせて色々なバッグを使い分けたい、高額なバッグを買って失敗するのでは、という心配から解放されたいニーズに対応して、新しい顧客体験を生み出しているのです。すでに有料会員は数万人とされます。

当サービスはテクノロジーを積極的に活用し、さまざまな手段でデータを取得しています。スマートフォンの専用アプリの利用データから、会員がどのブランドに関心を持っているかなどを把握します。また、RFIDタグを活用してバッグが紛失・破損しにくい個体管理のしくみを構築し、利用・保管期間や、稼働率、補修履歴、どの会員が利用したかなどの詳細データを取得します。バッグ返却時は、タグを読み取り、状態を確認し、どう補修してどの棚に保管したかもあわせて記録します。

これらのデータは、サービスの継続的改善や収益力強化のために活用されています。たとえば、データをもとに料金設定と解約率をコントロールしているのです。サービス開始前は月額3万円弱の想定であったものが、「扱いが雑」などの質の悪い顧客を退会させ、データをもとに優良顧客を囲い込むことで、余計なコストを抑えて月額単価を抑えています。また、ＲＦＩＤタグのデータからは効率的な商品管理と会員の使用傾向の把握が可能となっています。また、データとＡＩが顧客へのレコメンドに活かされています。アプリに画像を表示して好き嫌いを尋ね、過去の利用データと掛け合わせてＡＩが学習した結果からバッグをレコメンドするのです。

このラクサスを２０１９年10月にアパレル大手のワールドが43億円で子会社化しました。ワールドの傘下に入っていますが、ラクサスにとっては他力を活用して事業を成長させる試みであるとも考えられます（社名やサービスは維持され、ラクサス経営者は40％弱の株式を保有し、社長として経営を継続する）。２０１９年11月の通販新聞によると、ラクサスは、ワールドから１００億円規模の成長資金を得て、かつワールドの商品調達力を活用してレンタルに回すストック（品揃えと量）の拡大を行います。また、ワールドの６００万人といわれる巨大な顧客基盤からも送客され、ワールドの自社通販モールや実店舗といったチャネルとも連動しクロスセルが行われます。

バッグというモノを買わせるのではなく、所有から利用へと移っている顧客のニーズや課題をとらえ、デジタルテクノロジーにより顧客接点を構築し、顧客と直接かつ

## 図33 ラクサスのサブスクリプションモデル

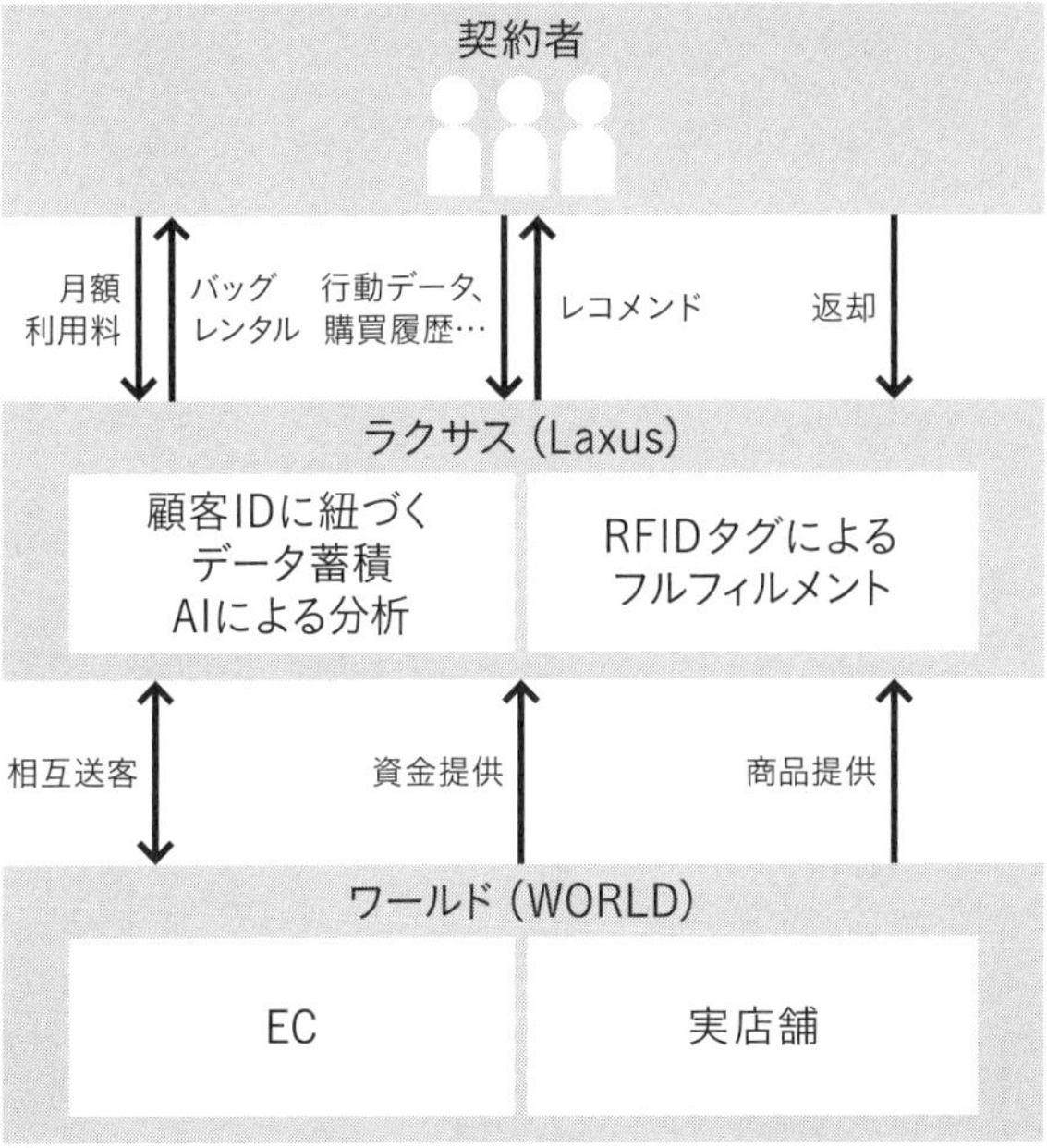


出所：公開情報を元に筆者作成

定額課金により継続的につながり、データをもとにサービスを改善し続ける。事業成長にとって自力では困難な部分は他力を借り、継続的にサービスを変化させながら顧客満足度を高め、顧客基盤と事業を成長させていく――そうした成長の先には、さらなる果実もあるでしょう。同社の取り組みは本書で述べてきたサブスクリプション・ビジネスモデルを象徴しているように思われます。

## 2 本書のまとめ――変革を実行できた企業だけが生き残れる

本書を通してサブスクリプション・ビジネスが大きな可能性を秘める一方、企業に大きな変革を必要とするビジネスであることがご理解いただけたのではないでしょうか。毎週のようにマスメディアで目にするようになり、身近に感じられるようになってきましたが、その実現に向けてのハードルは想像よりもはるかに高いのです。さらに最近では、あまりにもうまくいかないため、このビジネスから撤退したり、検討をやめたりする企業も多数出てきていることでしょう。もしかしたら、少し前にサブスクリプション・ビジネスの成功者と呼ばれた企業ですら、本ビジネスを持続できず、現在では撤退しているかもしれません。

先に示したように、現に実際にビジネスを開始した、もしくは検討を開始したものの、撤退している企業も少なくはありません。珍しさで最初はもてはやされたものの、顧客がだんだん離れていった事例もあります。また、販売店や代理店を通して「モノ」を販売してきたメーカーは、顧客接点のマーケティングを前提とした本ビジネスを、どこから着手してよいのかわからないという理由であきらめてしまった、ということもあるでしょう。本書を読んで、そのきっかけをつかんでいただければ幸いです。

経営層にサブスクリプション・ビジネスの企画を依頼された部門が、高額製品の購入障壁を下げるためだけに、単なる月額課金ビジネスとして検討している企業も少なくないと述べました。このビジネスで忘れてはいけないことは「顧客接点をどのように構築し、顧客との関係を維持・改善するか」という点です。この継続的なサービス改善を軽く見たビジネスの成功は遠いであろうということは、繰り返し強調してきました。

加えて、「モノ」を扱うビジネスにおいては「モノ」の故障にともなうアフターサービスや物流も顧客接点の一部であることを忘れてはなりません。これらの整備を考慮せずにビジネスを開始すれば、いずれはビジネスを縮小することを余儀なくされるでしょう。

消費者の主役が、かつての高成長を支えてきた世代から低成長時代の若い世代に移り、所有から利用へと消費行動が変わり、さらに日本企業と海外企業の競争が激化している今、日本品質の製品やサービスを提供するだけではもはや差別化になっているとはいえません。それよりも、顧客分析を徹底して、より高い頻度で新しい顧客体験を提供し続けることが差別化の要素になっていきます。それができなければ、日本市場はITジャイアントのような海外企業に席巻されてしまいかねません。

また、本書では、サブスクリプション・ビジネスの業務的な企画・検討のことだけでなく、それを支えるIT基盤についても述べました。柔軟な課金体系の設定が可能なサブスクリプションシステムだけでなく、周辺システムとの連携や、それを支えるAPIマネジメント基盤の導入も必要です。また、サービスを提供して、顧客同士をつなぐようなサービス提供基盤や、アジャイルにサービスを開発し続けられる開発基盤も重要になります。これらはサブスクリプション・ビジネスに限らず、デジタル化を推進する企業であれば、対応しなければいけないことです。

日本市場におけるサブスクリプション・ビジネスは、まだ始まったばかりです。一部のスタートアップや事業では成功事例が出てきていますが、最終消費者の嗜好や行動の変化にはまだ十分対応できていないのが実状です。

現在の日本企業の状況を鑑みると、継続的なサブスクリプション・ビジネスの成功者になるためには、まず覚悟を決めて着手すること、そして、試行錯誤と企業の変革を繰り返すことが必要となるでしょう。

「日本市場における日本企業によるサブスクリプション・ビジネスの発展」は、変革の労をいとわず、本書で述べてきたことを緻密に設計しつつ、迅速に行動できた企業がどれだけ出現するかにかかっているのです。

## 〈A〉経済・金融

- 1 経済指標の読み方(上) 日本経済新聞社
- 2 経済指標の読み方(下) 日本経済新聞社
- 3 貿易の知識 小峰・村田
- 5 外国為替の実務 三菱UFJリサーチ&コンサルティング
- 6 貿易為替用語辞典 東京リサーチインターナショナル
- 7 外国為替の知識 国際通貨研究所
- 8 金融用語辞典 深尾光洋
- 18 リースの知識 宮内義彦
- 19 株価の見方 日本経済新聞社
- 21 株式用語辞典 日本経済新聞社
- 22 債券取引の知識 武内浩二
- 24 株式公開の知識 加藤・松野
- 26 EUの知識 藤井良広
- 36 環境経済入門 三橋規宏
- 40 損害保険の知識 玉村勝彦
- 42 証券投資理論入門 大村・俊野
- 44 証券化の知識 大橋和彦
- 45 入門・貿易実務 椿弘次
- 49 通貨を読む 滝田洋一
- 52 石油を読む 藤和彦
- 56 デイトレード入門 廣重勝彦
- 58 中国を知る 遊川和郎
- 59 株に強くなる 投資指標の読み方 日経マネー
- 60 信託の仕組み 井上聡
- 61 電子マネーがわかる 岡田仁志
- 62 株式先物入門 廣重勝彦
- 64 FX取引入門 廣重・平田
- 65 資源を読む 柴田明夫・丸紅経済研究所
- 66 PPPの知識 町田裕彦
- 68 アメリカを知る 実哲也
- 69 食料を読む 鈴木・木下
- 70 ETF投資入門 カン・チュンド
- 71 レアメタル・レアアースがわかる 西脇文男
- 72 再生可能エネルギーがわかる 西脇文男
- 73 デリバティブがわかる 可児・雪上
- 74 金融リスクマネジメント入門 森平爽一郎
- 75 クレジットの基本 水上宏明
- 76 世界紛争地図 日本経済新聞社
- 77 やさしい株式投資 日本経済新聞社
- 78 金融入門 日本経済新聞社
- 79 金利を読む 滝田洋一
- 80 医療・介護問題を読み解く 池上直己
- 81 経済を見る3つの目 伊藤元重
- 82 国際金融の世界 佐久間浩司
- 83 はじめての海外個人投資 廣重勝彦
- 84 はじめての投資信託 吉井崇裕
- 85 フィンテック 柏木亮二
- 86 はじめての確定拠出年金 田村正之
- 87 銀行激変を読み解く 廉了
- 88 仮想通貨とブロックチェーン 木ノ内敏久
- 89 シェアリングエコノミーまるわかり 野口功一
- 90 日本経済入門 藤井彰夫
- 91 テクニカル分析がわかる 古城鶴也

## 〈B〉経営

- 25 在庫管理の実際 平野裕之
- 28 リース取引の実際 森住祐治
- 33 人事管理入門 今野浩一郎
- 41 目標管理の手引 金津健治
- 42 OJTの実際 寺澤弘忠
- 53 ISO9000の知識 中條武志
- 63 クレーム対応の実際 中森・竹内
- 70 製品開発の知識 延岡健太郎
- 74 コンプライアンスの知識 髙巖
- 76 人材マネジメント入門 守島基博
- 77 チームマネジメント 古川久敬
- 80 パート・契約・派遣・請負の人材活用 佐藤博樹
- 82 CSR入門 岡本享二
- 83 成功するビジネスプラン 伊藤良二
- 85 はじめてのプロジェクトマネジメント 近藤哲生
- 86 人事考課の実際 金津健治
- 87 TQM品質管理入門 山田秀
- 88 品質管理のための統計手法 永田靖

89 品質管理のためのカイゼン入門　山田 秀
91 職務・役割主義の人事　長谷川直紀
92 バランス・スコアカードの知識　吉川武男
93 経営用語辞典　武藤泰明
95 メンタルヘルス入門　島 悟
96 会社合併の進め方　玉井裕子
98 中小企業のための事業承継の進め方　松木謙一郎
99 提案営業の進め方　松丘啓司
100 EDIの知識　流通システム開発センター
102 公益法人の基礎知識　熊谷則一
103 環境経営入門　足達英一郎
104 職場のワーク・ライフ・バランス　佐藤・武石
105 企業審査入門　久保田政純
106 ブルー・オーシャン戦略を読む　安部義彦
107 パワーハラスメント　岡田・稲尾
108 スマートグリッドがわかる　本橋恵一
109 BCP〈事業継続計画〉入門　緒方・石丸
110 ビッグデータ・ビジネス　鈴木良介
111 企業戦略を考える　淺羽・須藤
112 職場のメンタルヘルス入門　難波克行
113 組織を強くする人材活用戦略　太田 肇

114 ざっくりわかる企業経営のしくみ　遠藤 功
115 マネジャーのための人材育成スキル　大久保幸夫
116 会社を強くする人材育成戦略　大久保幸夫
117 女性が活躍する会社　大久保・石原
118 新卒採用の実務　岡崎仁美
119 IRの成功戦略　佐藤淑子
120 これだけは知っておきたい マイナンバーの実務　梅屋真一郎
121 コーポレートガバナンス・コード　堀江貞之
122 IoTまるわかり　三菱総合研究所
123 成果を生む事業計画のつくり方　平井・淺羽
124 AI（人工知能）まるわかり　古明地・長谷
125 「働き方改革」まるわかり　北岡大介
126 LGBTを知る　森永貴彦
127 M&Aがわかる　知野・岡田
128 「同一労働同一賃金」はやわかり　北岡大介
129 営業デジタル改革　角川 淳
130 全社戦略がわかる　菅野 寛
131 5Gビジネス　亀井卓也
132 SDGs入門　村上・渡辺
133 いまさら聞けない ITの常識　岡嶋裕史

## 〈C〉 会計・税務

1 財務諸表の見方　日本経済新聞社
2 初級簿記の知識　山浦・大倉
4 会計学入門　桜井久勝
12 経営分析の知識　岩本 繁
13 Q&A経営分析の実際　川口 勉
23 原価計算の知識　加登・山本
41 管理会計入門　加登 豊
48 時価・減損会計の知識　中島康晴
49 Q&Aリースの会計・税務　井上雅彦
50 会社経理入門　佐藤裕一
51 企業結合会計の知識　関根愛子
52 退職給付会計の知識　泉本小夜子
53 会計用語辞典　片山・井上
54 内部統制の知識　町田祥弘
56 減価償却がわかる　都・手塚
57 クイズで身につく会社の数字　田中靖浩
58 これだけ財務諸表　小宮一慶
59 ビジネススクールで教える経営分析　太田康広
60 Q&A軽減税率はやわかり　日本経済新聞社

著者略歴

**根岸 弘光**（ねぎし・ひろみつ）
デロイト トーマツ コンサルティング合同会社 執行役員 システムズ＆クラウドエンジニアリングユニットリーダー
東京工業大学理工学研究科修了。大手システムインテグレーター、複数コンサルティング会社を経て現職。サプライチェーン改革・営業改革等のシステム変革を伴うオペレーション変革の経験を多数持つ。近年は日系企業のビジネス変革に伴うシステム変革や先端技術を用いた企業システム刷新に携わる。

**亀割 一徳**（かめわり・かずのり）
デロイト トーマツ コンサルティング合同会社 テレコム・メディア＆エンターテイメントユニット シニアマネジャー
慶應義塾大学環境情報学部、東京大学大学院総合文化研究科修了。米系コンサルティング会社、IT 企業経営企画・事業開発を経て現職。IT・通信・メディア・エレクトロニクス業界における新規事業開発、デジタルマーケティング、オペレーション改革、システム化構想を担当。特に近年はサブスクリプションモデルによる新規事業案件に注力し業界や領域を横断した取り組みを行っている。

日経文庫 1418

**サブスクリプション経営**

2020 年 2 月 14 日　1 版 1 刷

著者　根岸 弘光・亀割 一徳
発行者　金子 豊
発行所　日本経済新聞出版社
https://www.nikkeibook.com/
〒 100-8066　東京都千代田区大手町 1-3-7

装幀　next door design
本文デザイン　野田 明果
組版　マーリンクレイン
印刷・製本　三松堂


ISBN978-4-532-11418-3
Printed in Japan